SHODENSHA SHINSHO

日本語は本当に「非論理的」か

——物理学者による日本語論

桜井 邦朋

祥伝社新書

プロローグ——ことばと思考の間

さまざまな場所で、また、さまざまな機会に、人々が口にする次のような表現にしばしば出会う。二つだけ例を挙げてみよう。

サッカーJリーグのある選手は、国際試合の前に、

「相手は強いと思うので、しっかり戦わないといけないと思うから、頑張りたいと思います」

という言い方で決意を語った。

ごく最近、現役に返り咲いた女子テニスプレーヤーは、

「まさかと思ってもみなかったし、また頑張りたいと思います」

と今後の抱負を述べた。

最近、このような表現に頻繁《ひんぱん》に出会うのに、どうやら人々が何の違和感も覚えないらしいのが、私には奇妙に感じられて、どうしても馴染《なじ》めない。

わが国では、「申し上げたいです」や「ありがたいです」などという表現は、何となく落

ち着きが悪く感じられ、〝思います〟という言葉を付け加えて、柔らかいというか、話者の気持ち、あるいは感情の表現に移し換えてしまう。

これらの表現の中に出てきた〝思う〟〝思います〟は、意味する内容が相互に大きく異なっている。例えば、サッカー選手の場合、最初の「思う」は自分が想定、あるいは推測したことに関わっており、二つ目は自分の決意、最後の「思います」は、その決意の確認に関わる。同じ「思う」という表現をしながら、込められた意味が異なっているのである。

このような日本語での表現を、例えば英文で表わそうとしたらどうなるだろうか。

私たちの多くは〝思う〟を英単語の〝think〟にただちに結びつけがちだが、そういうわけにはいかないことは、〝思う〟が使う場所により、意味することが違っていることから、ただちに了解されるはずである。

外交に当たっても、また、国際会議など外国人と接する多くの機会において、〝思う〟という用法をめぐり、こうした個人的な感情を絡《から》ませた表現を用いていたら、話者の真意が伝わらないだけでなく、時には誤解さえ生んでしまうのではないか。

日本人が、国際舞台における交渉力がないとされるのは、このことが深く関係している。

私自身も、国際的な会議や研究論文の審査などで、この非論理的なことば遣いのために、日本人科学者が正当な評価を得られない場面に、数多く遭遇してきた。

日本人の国際競争力を高めるためにも、まずは日本語を論理的に使えなければならないことを痛感したのである。

私たちはことば（言語）を用いて初めて、思考という精神活動ができるようになる。このことばの用法に感情的な要素が幾分でも含まれていたら、論理的に思考を発展させることができなくなってしまう。この点から見ても、〝思う〟〝思います〟という表現の濫用《らんよう》は、私たちから論理的に思考する能力を奪い、引き下げてしまうことになるのではないか。

これから、この〝思う〟〝思います〟という表現を中心に、私たち日本人が論理的に、ことば（言語）を使うには、どうしたらよいか、どうすべきかをめぐって、私が現在考えていることについて、語っていくことにしたい。

二〇〇九年九月

桜《さくら》井《い》 邦《くに》朋《とも》

プロローグ

目次

第2章　ディベートが生まれない知的風土

第3章　日本語のすぐれた性格を見直す

第4章　日本人の非論理的な思考を直すには

第5章 すぐれた文章から学ぶ論理力

第6章 ことばが文化を育《はぐく》む

第1章　「思う」が破壊した日本人の論理力

話しことばと書きことばの違い――思考のためのことばとは

プロローグで述べたように、私たちの多くは自分からほとんど意識することなく、「思う」「思います」といった表現を、いろいろな機会や場で使っている。思いあたるところがないという人は、まずいないだろう。

しかし、この表現が私たちの思考における論理力を弱めているのだとしたら、その問題点を抽出し、それらを克服する手立てを講じていかなければならない。

わが国において、母語である日本語に関して、読み、書き、話し、聞くという四つの大切な活用法の教育を、中等・高等教育の機関でも実施すべきだと主張すると、たいていの場合、何を今さらといった反論やけげんな顔をされるのがオチである。

理由は、私たちすべてが、母語である日本語を自由に使いこなしているのだから、そんな教育などあらためて行なう必要などないのだ、というのである。私の主張や意見に耳を傾ける人は稀《まれ》であった。現在でも、中等・高等教育を通じて、先に挙げた日本語の四つの活用法に対して、教育を実施している教育施設はあまり多くないはずである。

論理的な文章とは、感想のような情緒や感情を表出するためのものではない。

話しことばは聞き手の存在が前提であり、反応が直《じか》に見えるから、それを確かめながら、その反応に応じてことばを継いでいくことも可能である。だが、書きことばでは、そうはいかない。書くことは孤独な作業であり、しかも、読者となるであろう未知の相手に向かって、説得力のある文章を作っていかなければならない。もし文章を読む人に理解されず、説得力を持っていなかったとしたら、誰にも読まれずに終わるだけだろう。

多くの人たちは気づかずに使っているが、ことば（言語）には二つの体系がある。一九二〇年代に、条件反射反応の機構に関する研究で名高いパブロフ（I.P.Pavlov）が発見した。

一つは応答的に発せられるもので、内省を経ないで反射的（reflexive）に使われる言葉の体系である。もう一つは、私たちの脳内のおける内省を経て、内容が統合的になり、論理的に整理されて、自らの意志に基づいて（voluntary）発せられることば（言語）の体系である。

パブロフは、前者を「外言語系」、後者を「内言語系」と名づけたが、後に言語学の研究に踏みこんだN・チョムスキー（N.Chomsky）は、これらの体系をそれぞれ、「E言語（Externalized Language）」、「I言語（Internalized Language）」と命名している。前者のE言語は、反射的に応答されることば（言語）なので、感情が直接こもったものとなっている。

これら二つのことば（言語）の体系のうちで、内言語系、またはI言語系と名づけられたことば（言語）の体系が、私たちの思想や意見など、自らの意思に関わってなされる表現にとって不可欠である。

私たちの多くは、〝話すように書け〟としばしば聞かされてきたが、こうした書き方では、次々に脳裏に浮かんだことを文章に移し換えていくだけで、内省を経ていないため、内容が希薄になったり、論理的な整合性が取れなくなるのも無理はない。書きことばと、話しことばとは、今述べた二つの言語体系の存在という事実から見ても、相互にまったく異なるものであることに、私たちは気づかなければならない。

母語である日本語が、私たちの大部分にとって、思考のためのことば（言語）であるのは、当然のことである。それゆえ、このことば（言語）の体系の中で、内言語（I言語）系を駆使し、説得力を持って語ったり、文章を作ったりできる論理力を育てていくよう努力することが、大切なのである。

「思う」「いや」ということばの使用による思考の短絡《たんらく》化

「天気になったと思ったら、また雨。本当にいやな天気だと思います」

このような表現はしょっちゅう聞かれる。そのため、これをおかしいと感じないかとたずねられた時、多くの人はそんなことはないと答えるのではないだろうか。

この文の前半に使われた〝思ったら〟という表現は、話者が確認したことに関わっているが、後半に使われている〝思います〟は、話者の感情に触れた用法である。このように、この短い文章の中では、意味するところが大きく異なる表現が、同じ〝思う〟を使ってなされている。

こうした奇妙と言うしかないような表現が、「思う」「思います」の使用をめぐって、しばしばなされている。それによって、思考の結果を、一つの固定したものではなく、あいまいなものとしてしまっているのである。

これでは、思考の結果導かれたものの意味を固定することなく、思考が短絡してしまうことになる。

「思う」や「思います」が、短いことばの中に、何回も出てきても、話しことばの場合は、じきに記憶から消えていってしまう。しかし、書きことばとなるとさすがに、こうした表現は違和感がある。それにもかかわらず、私たち自身がしょっちゅう使っているので、意外と問題にされることがない。

私たちがしばしば使う表現には、もう一つ、「いや」とか「いやだ」ということばの使い方がある。

この〝いやだ〟という感情や気持ちを持った場合、本来ならその感情を引き起こすこととなった原因を詮索《せんさく》したり、明らかにしようと試《こころ》みる。だがその前に、「いやだ」という言い方をしてしまうと、この大切な行為を断ち切ってしまうことになる。そうしておいて、たいていの場合、くよくよと悩んだり、いらいらした気持ちを嵩《こう》じさせている。〝いやだ〟という感情や気持ちを引き起こした原因が、明らかにできれば、それを取り除く方法や手段が見つかるであろうのに、〝いやだ〟と即答することによって、自分の方から諦《あきら》めてしまうのである。

日本人の気質の一つとして取り上げられるものに、〝熱しやすく、さめやすい〟という表現がある。〝さめやすい〟という表現にはずっと持続する集中力、あるいは、物事に執着する度合が弱い、または低いという意味合いが込められている。

〝いやだ〟という表現の下に、そう感じるようになった原因をきっちりと突き止めていこうとしない、あるいは、簡単に諦めてしまう傾向も、この〝さめやすい〟気質と通じるものがあると言ってもよさそうである。

このように、「いやだ」という表現、あるいは、それに関わった類似の表現は、「思う」「思います」と同様に、思考における短絡化を引き起こし、そのうえでさらに、思考を論理的にすすめることを断念させてしまうことになる。情緒の段階にとどまっていたら、結局は、パブロフの言う反射的なことば（言語）の用法に近く、自らの意思や意見を正確に論理的に表現する段階にまで到達することはない。

日本人の多くは、理解力においてきわめてすぐれており、その能力は、世界のいろいろな国の人たちに比べても上位に位置すると、さまざまな国の人々と交流してきた経験から、私は見なしているのだが、思考に見られる短絡化の傾向が多くの人に見られるようになったのは大変残念なことである。

「思う」と「think」の大きな違い

「思う」という表現で、私が最も驚いたのは、わが国の国家としての存立のための基本法ともいうべき「日本国憲法」の前文の中に出てくるものである。

前文の終わり近くに、英文の表現で次のような文が出てくる。

“We desire to occupy an honored place in an international society…”

これが、日本国憲法の前文の日本語による表現では、次のようになっている。

「……名誉ある地位を占めたいと思ふ。われらは……」

英文の〝desire to occupy〟の部分が、「占めたいと思ふ」と翻訳されているのである。わが国の憲法の草案は元々、当時の連合国軍最高司令官総司令部（ＧＨＱ）で作成され、それを骨子に、現行の日本国憲法が成文化されたのだから、先のように日本文に翻訳したのは、この成文化に当時尽くした個人か、その任に当たった数人であると推測される。

この憲法前文の件《くだん》の個所で、英文の表現では、占めたいと〝望む〟、あるいは〝希望する(desire)〟となっており、〝思ふ〟という単語はどこにもない。ここに用いられている〝思ふ〟は、願望を表現しているのだと解してよいので、〝望む〟、あるいは、〝希求する〟といった表現を和《やわ》らげるために、〝占めたいと思ふ〟という表現にしたのではないか、というのが私の見方である。

また、日本でも人気のあるコミック「スヌーピー」には、以下のような台詞がある。

原文では、〝We want to thank our guests for being with us this morning.〟となっている部

分に対する日本語の訳文では、「お礼を申し上げたいと思います」とすごくていねいな表現にしながら、最後を〝思います〟と締めくくっている。

文中の〝want to〟は、to に続く動詞（ここでは、thank）について希望、あるいは願望を表わすための用法で、この場合は〝有難いです〟か、または、〝感謝したいです〟という話者の気持ちを表現したものである。

スヌーピーからもう一つの例を挙げると、〝I think of you constantly.〟というものがある。〝constantly〟は〝いつも〟という意味で、この場合の〝think〟は、英語の動詞用法では、自動詞としてのものなのだが、〝of you〟をつけて、他動詞として用いている。ここで用いた〝think〟は、別の言い方をすれば、〝consider in the mind（心に留める）〟という表現が妥当することになる。訳文は、「たびたび君のことを思っている」となっていた。

このように、英単語の〝think〟と〝思う〟とは一対一のような一つの決まった関係にはないのである。

日本人が「△△へ出かけたいと思います」という表現を英語にしようとする時、たぶん深く考えることなく、

〝I think that I want to go…〟

という文章を作ってしまう。“I think that”は不要なのである。こんな英語文を見た英語を母語とする人たちは恐らく、こんなことまで“think”するのかと、驚くであろう。

長い間にわたって、私はアメリカに住んでいたのだが、この地に住む人たちが“think”という単語を使うのをあまり聞いたことがない。この単語は、十分に思考を重ねた結果、到達した内容を言い表わす場合に用いる。そのため、意味するところは断定的な物言いに通じるのである。

だとしたら、私たちのように、ほとんど無意識のうちに、「思う」「思います」と気軽に使うのと違って、彼らは“think”を簡単に使うわけにはいかないのである。「思う」と「think」は、互いに意味するところが大きく違っていることを、私たち日本人は理解しなければならない。

ある国際会議で経験したことだが、あるセッションの座長を、私は任されていた、日本人の研究者が登壇し、自分の研究結果について発表したのだが、討論（discussion）の際に、この研究結果の信憑性《しんぴょう》（validity）の評価に対する質問がなされた。

これに対し、件の研究者は何を戸惑ったのか、英語による返事がなかなかできず、“I think…”と繰り返すばかりだった。会場にいた人々からは、「これは“think”するほどのことではないのに」という声が聞かれた。

そこで私はどうしたか。会場にいた人たちに向かって、私はひと言、日本語を使うのを認めてもらいたいと発言したうえで、発表者に向かって信憑性に対する質問なのだから、自分の結果を信じるかどうかについてだけ答えてほしい、と日本語で伝えたのだった。

英語による表現においては、“think”という単語を、安易に使ったりしないように、十分に心しなければならない。逆に、英語で“think”を使って答えようと試みると、その内容が大変に重くなってしまうように感じられて、すぐには簡単に答えられなくなってしまう。

私たちの多くが頻繁に使う「思う」や「思います」という表現は、思考において深く分け入ることをせず、意味をあいまいにしてしまうことに通じる。そして、これらの表現に、多様な意味を、ほとんど意識することなく含ませている。これでは、思考の過程で、論理力が確立されることが、ほとんど期待できない。

要は、安易に「思う」や「思います」という表現を用いずに、自分が言い表わしたいと考えていることを、できるだけ別の言い方により、表現するよう試みることが、思考におけるあいまいさを排除することに通じるのである。

「思う」を英語にすると一三通りもの表現がある

「思う」や「思います」は、情緒に絡んだ多様なニュアンスを込めた表現を可能とする。希望、推測、思いこみ、意見、意志ほか、その使い方によって話者の多種多様な感情を込めることができる。

例えば、手許《てもと》にある和英辞典の、〝思う〟の項を引いて、用例がいかほど挙げられているか調べてみたら、次のような一三通りの用法が、時機や場に応じてあることが示されている。

①「考える」という表現（「think」とつながる）
②懸念に関わる表現
③見なす
④信じる。例文としては、「正しいと思う（believe)」
⑤予期。例文としては、「思った通り（as one expected)」
⑥回想。往時を思えばという言い表わし方
⑦感じる（feel)

⑧希望。"wish" と "want"
⑨誤認。……と思っていた
⑩つもり。例文として、「……しようと思っている」
⑪怪しむ。英語では、"wonder" や "suspect"
⑫想像。英語では、"suppose" や "imagine"
⑬念願に対し "think of"（前に、スヌーピー・コミックを引用した際に触れた）

これだけの異なった使い方が〝思う〟には、少なくともある。

今見たように、小さな和英辞典でも「思う」「思います」を英語にする場合には、時機と場に応じて、これだけ多くのニュアンスの異なる表現がある。中には、こんなに意味する内容が違っているのに、同じように「思う」「思います」を使っているのかと、疑念を生じさせるものすらある。

私たちは、込めた意味が異なるこれだけの数多い表現に対し、同じ「思う」や「思います」を使うのだから、こうした表現を聞いたり、読んだりする側は、ここではこの意味、あそこではあの意味というふうに補いながら、理解していかなければならない。

このような、すごい芸当ができるのだから、私たち日本人の理解するための能力はすばらしいのだという評価を下すことができるかもしれない。

だが逆に、こんな多くの異なる意味を、「思う」「思います」という用法に含ませているのだから、物事についての判断に、厳密な意味における理解を持ちこむことをしないで、あいまいさを残すことになるのは避けられない。

そうであるとすると、厳密な論理に拠《よ》って立つ理解を追求しようとしないで、きわめていい加減な理解で済ませてしまうことに通ずる。

ここで私が思い出すのは、アメリカで何回か経験した議論についてである。

私は英語を母語としない人間なので、科学上の問題について討論する際に、語彙《ごい》不足で困ったことがある。ある種の合意に達するまで、議論はことば（言語）上の意味をしっかりと踏まえて、厳密な用法にしたがってすすめられるからである。時には数時間にわたって議論が続いたことさえあった。

そうした議論の中で、“think”が出てくる場合は、考えられる可能性の中で、たった一つしか答えがないという時のみであった。先に見た和英辞典に出ていた用例のうち、②から⑬までに関わる内容の表現では、絶対に“think”を使うことはないのである。日本語の場合はすべて、「思う」「思います」で済んでしまうのだから、大きな違いである。

うっかり、“I think…”という表現を議論の中でしたら、「どうしてお前は、そう考える(think)のか、その証拠、あるいは、そこに至る理由を示せ」などと、さらに議論は白熱してしまう。長い議論の済んだあとには、こめかみとその付近に痛みを感じ、舌先はザラザラとなるほどであった。

日本語での物言いには、抑揚《よくよう》やアクセントがないので、口を大きく開けたり、閉じたりしなくてもよいし、舌の動きはほとんど何の役割も演じない。ところが英語では、口も唇も舌も多種多様な役割を果たすので、日本語を母語とする私は長い議論――対論(debate)といったほうがよいか――のあとでは、顔面や口のまわりの筋肉が、こわばったりした。

このような経験を重ねる過程で、私が疑問を抱くようになったのが、私たちの多くが頻繁に使う「思う」「思います」という表現が、“think”とはたいていの場合、違っているのではないか、ということであった。

すでに述べたことから明らかなように、「思う」「思います」という表現に込められた意味には、多種多様な広がりがある。私たちの多くは、頻繁に、たいして深く考えることもなく、こうした表現を使いすぎる。

その結果、思考が情緒的かつ短絡的になり、深く踏みこむことをせず、表面的なところにとどまってしまうことになる。これでは、思考における論理力の向上を、望むことはできないことになってしまう。

「感じ」を使うことで生まれるあいまいさ

私たち日本人の多くの思考に見られるあいまいさは、この「思う」「思います」という表現だけから由来するのではなく、私たちの情緒に関わる他のことば遣いにも、原因がある。

例えば、私たちの多くが割合頻繁に使う、「……という感じ」、あるいは「気」という漢字を使ういろいろな表現の仕方などである。どちらも私たち自身の情緒的な感情表現に関わっていることから見て、私たち日本人は、ことば（言語）の体系の中に、情緒的な傾向を強く保持しているのだということになろう。

この〝感じ〟という表現も物事について断定しない、ぼかした言い表わし方で、少し酷な言い方をするならば、発言したことがらに対する責任逃れともとれる使い方である。このような表現では、話者の姿が背景に隠れてしまっている。意味があまりはっきりせず、あいまいになってしまうのである。

これで会話が成り立ち、互いにわかったと考えて、何の疑念も抱かないのだとしたら、会話の内容すら正しく理解されているとは言えない。しかし、これには、日本人の察しの良さについて忘れているのではないかとの反論があるだろう。

確かに、この察しの良さは認めねばならないが、これはあくまで、私たち日本人同士の間でのことであって、異文化間での意思の疎通には、この察しの良さは全然通用しないことを、私たちは忘れてはならない。

第６章で詳しく述べるように、ことば（言語）の体系は、ことばを背景とした文化の様式と密接な関係にあるという主張（仮説だが）もあるので、こうしたことば遣いは、日本文化に固有のものかもしれない。

しかしながら、文化の様式と結びついた用法だからといって、このような用法を容認していたら、私たち日本人の思考が論理的で厳格なものとなることなど期待しえない。

私が仕事としている物理学という学問は、その研究においては、国際的な競争に常に曝《さら》されている。

例えば、国際会議の場で議論がなされる場合には、こうしたあいまいさはすべて排除されなければならない。そこでは、前に扱った「思う」「思います」といったような自分の感情に絡んだ表現など許されない。ましてや、「という感じ」などといったあいまいな表現など、議論をおかしくするだけである。

若い人たちの間で、時に聞かれる言い方に、〝わたし的〟（または自分的、あるいは僕的）には云々《うんぬん》〟という奇妙なものがある。〝わたし的〟とはいったいどんな意味を持つというのだろうか。〝私的《してき》〟と発音する使い方は古くからあり、話者個人に関することに対する表現に用いられている。だが、〝わたし的〟となると、自分がどこにいるのか全然わからない。

これも日本語の用法における乱れの一つだと、私は見なしているのだが、このような何を言い表わしたいのか不明な使い方は、私たちの思考力をますます失わせるように働くことになる。実際に、現在ではそうした事態が進行しつつある。

英語に訳せない「気」ということば

私たち日本人は、〝気〟という漢字を含むことば遣いをよくしている。「気になる」「気にかかる」「気がかり」「気に入る」といったいろいろな表現がある。これらの用法の中に出てくる〝気〟という単語について、私たちは、深く考えずとも、先に示した例のような表現は自在にできる。

このように、〝気〟が入ったことば遣いが、不自由なくできるのだから、この〝気〟という単語が、どんな意味を持つのかわかっているはずなのに、あらたまってその意味を問うと、はっきりしないのである。

すぐに考えつくことは、〝気〟が〝心〟や〝感じ〟に関わっているということである。ここでいう〝感じ〟は、英語の“feeling”に対応するもので、前に述べた〝……という感じ〟に表われたあいまいさを表現する〝感じ〟ではない。

また、〝気〟には、意向や願望を込めた言い表わし方がある。さらに、気質や気分といったことに関わる〝気が強い〟、あるいは〝気が弱い〟、次いで〝気をつける〟という用法に見られるような注意を促すといった用法にも用いられる。それから、空気や雰囲気を表わす場合にも用いられる。空気は英語の“air”や“atmosphere”に対応する。

今見たように、気という単語を含めた表現には、こんなにいろいろなものがあるのに、私たちはそれらを自由に使い分けている。アメリカで研究生活を送っていた、今から三〇年以上前のことだが、土居健郎《どいたけお》教授が著した『「甘え」の構造』（弘文堂）を手に入れて読んだ。また、これが英訳され、『The Anatomy of Dependence』（Kodansha International）というタイトルで出版されていたので、それも読んでみた。

その後、メリーランド大学の教授だった友人から、日本について書いたもので何かよい本がないかとたずねられた時に、その夫人にこの英訳本を渡し、読後の感想をたずねたことがある。

件《くだん》の夫人は読みおわったあとの感想で、一つだけどうしても明確に理解できないのは“Ki”という単語だと言った。土居教授自身が、この〝気〟という単語は、英語に訳すことは不可能だというふうに書かれていたので、彼女に理解できなかったのは当然のことかもしれない。

私たち自身でも、〝気〟が実際にどのような意味を込めて使われているのかと、あらためて問うてみたら、先にいろいろと記したように、多種多様の意味で使われているので、戸惑ってしまうことになる。〝気〟という単語を一つ入れることによって、何となくわかった気持ちになるのだから、これもある種のあいまいさを生む原因となっているのかもしれない。

「気にする」という表現は、「気にかかる」という用法と同じように、ある種の不安が心によぎることを意味する。

英語には“mind”という単語があり、これを動詞として使う時には、私たちが使う〝気にする〟に当たると考えてよい。不安な感情を込めて使う場合には、“be uneasy about…”という表現で、心が落ち着かない状態を表わす。また、“be anxious about（または for）…”という表現もあり、こちらは私たちの感情で言うなら、じれったいような不安を表わす。

同じ不安感でも、英語では、このような異なった表現を用いて、心の状態を表わしているのである。

〝気〟という単語を含む言い方には、いろいろなものがある。例えば、気立て、気持ち、気概、気兼ね、気構え、気風、気分、気前、気質、気紛れ、気勢、気性と、立ちどころに〝気〟を用いたいろいろな表現が見つかる。

今挙げたこれらの例では、〝気〟は心の状態に関わっていると考えてよいであろう。このように言うとすぐに、心とはいったい何なのかという疑問が生まれ、心を何が生みだすのかといった脳神経科学に関わった問題にまで踏みこんでしまうので、ここではこれ以上は深入りしないことにする。

ここで取り上げた〝気〟という単語の用法を見てもわかるように、ことば（言語）とその体系に関わる問題は、その体系を母語として日常生活において使用する人々の思考の様式にまで踏みこむことになるから、人々の持つ文化の様式とも密接に関わる。

日本語がさまざまな意味を〝気〟という言葉に持たせている一方で、英語ではそれぞれの意味合いに対応する単語がある。こうしたことばの使い方の違いの意味は、「気にしない」で済ませるようなことではないのである。

相手に正しく伝えるためにはどうすればよいか

私たちは、自分の意志、考え、思考など、自分の心の中に根差したいろいろなことがらを、自分以外の人々に伝えるに当たっては、ことば（言語）の体系、それも大切なものについては、論理的な内言語（I言語）の体系を用いなければならない。

これらはすべてが意志的（voluntary）な内容からなるものだからである。外言語（E言語）系のように情緒や感情に根差したことば遣いでは、文字表現にした場合でも、説得力をことば遣いに込めることは、まず不可能である。

特に、文字による表現の場合には、これを読む人に直接、これはこう、あれはああと一つひとつ説明を加えるわけにはいかない。文字により表現された文（sentence）または文節（パラグラフ、paragraph）は、それ自体が独立したもので、これらを読む人に誤解されるものであってはならない。書いた人の意図が正しく、読む人に伝えられる必要がある。あとで真意はこうであったなどと言っても、始まらないのである。文字表現に関わる難しさがわかろうというものである。

文章は冗長な、だらだらと続くものであってもよいというわけではない。不必要な修飾や余計な形容を試みたり、副詞を用いたりして、文章を作る必要はない。読む人に誤解されないように、内容については必要不可欠と考えられる語彙だけ用いて、文章を綴《つづ》るべきで、余計な飾りとなる文字は一切必要ではない。

講演や研究発表における口頭による説明も、文章作法と同じで、余計な修飾語を使って飾り立てたり、冗長にしたりする必要はない。話すように書けば、文章が作れるなどという文章作法に対する教えは、間違いである。

話しことばであっても、書きことばであっても、ことばをつらねてできる一連の内容を、聞く人や読む人に正しく伝えるためには、ことばの使用のあいまいさや、感情に絡んだ表現を一切含ませてはならない。

「思う」「思います」という表現は、自分の意志、意見、思想などを正確に伝えるのに大きな障害となるし、これにより話者や筆者の個人的な感情、あるいは情緒に絡んだ表現となってしまって、客観性を失ってしまうことにつながるのである。

例えば、ある講演の中で、「私は××だと思います」と発言した時、この人は自分の心情について語っているだけで、客観性を目的としてはいないのではないかと、私は見なしてしまう。そのうえで「そのように思うなら、勝手にどうぞ」と心の中で私は答えることにしている。

「△△だと思います」と言われても、この人の心情はこうなのだと判断する以外に理解する手立てがないではないか。「思う」「思います」という表現が、英語の"think"に当たるのだとしたら、聞く側、あるいは読む側にとって、この人の結論や信条（faith）が語られることになるからである。

「思う」「思います」という言い表わし方には、聞く側、あるいは読む側に対し、謙譲の意を表わすための表現だという意味が込められているのだ、という意見がある。

しかしながら、それにより真意が伝わらないのだとしたら、かえってマイナス（負）の効果しか生まなくなってしまう。最も基本的なことは、ことば（言語）の体系を用いた表現は相手となる存在が常にあることを前提としてなされるのだから、その相手の誤解を生むものであってはならないのである。

「では、これから会の進行に入りますが、その後の司会を、私がやらせていただきたいと思います」という発言から、その会が始まるのだとしたら、この「思います」はいったい何なのだろうか。「私がやらせていただきます」とすべきではないのか。

こんな表現をしていたら、論理的な思考力も、説得力を持った話題の構成も不可能となってしまう。「思う」「思います」という表現をできるだけ使わないで、話しことばおよび書きことばの両者について、話したり、書いたりするよう努力することが、ことばの使用に対する論理力を養う最も基本的な行き方なのだと、私は強調したい。

こうした努力を重ねることから、国際場裡、その他の場における対論（ディベート、debate に当たる）にも十分に対処していけるようになるのだ。

第2章　ディベートが生まれない知的風土

ディベートの目的とは

ディベート（debate）を私は〝対論〟と訳したいのだが、その理由は、少なくとも二人の人間が意見その他で対立し互いに論争し合うということがなければ、ディベートは成立しないからである。対論は何人かずつからなる二つのグループの間でなされる場合も、当然ありうる。

ディベートは、互いに対立する意見や見解、見通しなどを持った人たちが、二手に分かれて、相手を論破するまで続けられるのが普通だが、本来は相手を論破することだけに目的があるのではなく、対論の結果、問題点を抉《えぐ》りだしたり、相互に合意しうる到達点を追求するためにもなされる。

議論が平行線をたどって、何の一致点も、また合意できる点も全然見出せないなどということは、ディベートには本来ありえないことなのである。

対論であるから、これに参加した人たちは、互いに相手となった人たちによる議論の内容を的確に捉えて、完膚《かんぷ》なきまでに論破することが究極の目的だが、人格を傷つけたり、人の名誉に関わったことがらについては一切触れないのは、当然のことである。

対論は、論理的に相手の論理を突き崩すのが目的であるから、参加する人たちは思考における高度の論理性と、それから生まれる意見や見解について、正しく表現できることば遣いができなくてはならない。

このように、ディベートは、ことばの運用においても、高度に技術的なものとなる。また同時に、論理的な思考力の養成に、有力な手段を提供するだけでなく、ことばによる表現力の養成にもきわめて有効なのである。

しかしながら、わが国には、ディベートに対し、それに馴染まないという知的風土が存在する。

その一番の理由は、議論を通じて、人と人の間が角突《つの》き合わせたような状態になり、人間関係が互いにうまくいかない状態に立ち至るのを避けようとすることにある。互いに相手が不快に感じたり、嫌がったりすることをしないで済まし、相手との間に生じている懸案を、時間が解決してくれるだろうという楽観的な期待があり、多くの場合それで万事好都合にいくからである。

だが、こうしたことは、互いに気質の知れた日本人同士の間だから成り立つのであって、国際場裡では、こんな行き方は全然通用しない。

わが国の周辺で起こっている尖閣《せんかく》諸島、竹島、東シナ海ガス田などに関わる外交問題に対して、わが国の政府が侮《あなど》られているのは、こうしたわが国の人々の持つ知的状況が密接に関わっていると、私には考えられる。〝なあなあ〟と馴れ合いで物事をすすめるという行き方は、外交ほか国際関係に関わる場では全然通用しないのだ。

わが国で、ディベートの習慣がなかなか根づかないのは、今述べたような国民性に強く依存していると推測されるのだが、その遠因として想定されるのは、私たちが母語としている日本語の特性にあるのではないかということである。

それゆえ、このことを検証するために、日本語という言語体系が持つユニークで穏やかな性格や、それが英語が持つ性格と、どのような点で異なっているのかといったことについても、研究してみなくてはならない。この章では、ことば遣いに対する私たちの習慣についても考察を試みることにする。

交渉力のない日本人

アメリカで研究生活を送っていた当時、私が強く意識させられたことは、アメリカ人だけでなく、イギリス、フランスほかヨーロッパの国々やインド、中国などの人々も含め、彼らと議論の相手となる人間はすべて、性格、気質、学問上の資質、その他において、互いに自分とは一〇〇パーセント異なっていると見なしているということであった。

そうであるとすると、思考の過程や方法すら、相手は自分と完全に異なっていると見なさなければ、議論がすすまないので、議論に入るに当たっては、思考のアプローチの仕方について、その確認から入らなければならない。それについて、明確に理解することなく、中途半端にしておいたら、議論の途中で、とんでもない誤解を生みかねない。だから、疲労感が生まれることもある。

アメリカで生活するようになった最初の頃、私が最も困惑したのは、当地の人々が他人に全然信頼を置かないように見えたことであった。思考の過程も、何が真かという判断基準やその内容までも、私のものと違っているように見えたのであった。

アメリカ人やほかの外国人と、科学上の問題について議論する時には、ひとつずつ順々に論理の糸をたどりながらすすめなければならないのだが、これは、どんな小さなことがらに対しても、議論するとなったら同様である。このことは、議論をすすめる相手の言うことを、全然信用しないことを意味しているのだと言ってもよい。

わが国では、議論の相手となる人の性格や思考の過程、学問的実力その他を、自分と完全に異なると考えて、慎重に相手に対処するなどということは、まずない。同じ日本人だという安心感が先に立って、相手の人格まで否定的に見るなどということはない。

　こうした安心感を、外国人に対して持ってはいけないのだが、私たち日本人の大部分は、文化の背景が異なるとしても、人間としての資質は同じだと、無意識のうちに想定してしまう傾向があるようだ。

　したがって、日本の役人が政治や経済、外交その他に関わる問題で、外国の人たちと議論する際に、この傾向が表面に出てきて、うまく交渉ができないといった事態を招く。外国語の上手・下手の問題ではなく、対人意識の点で、すでに一歩引けているのである。

　日本の役人が交渉下手だとしばしば言われるのは、外国人に対するこのような認識の仕方に問題がある。相手は完全に、言い換えれば、一〇〇パーセント、自分と異なる資質の持ち主なのだと、最初から理解し、ことを処するようにしなければいけないのである。

　さらに付け加えるならば、私たち日本人の多くは、物事について徹底的に考え、微に入り細に入って理解するということをせず、あいまいさを残したままでいる。そのため、議論において、相手を説得しうるようには、なかなかすすめられない。

　透徹した論理の展開には、いわば冷め切った冷静な思考が要求されるのに、日本語では「思う」「思います」のような表現を用いることによるあいまいさを常に残してしまう。そのあいまいさを突いてこられた時、その先まで論理的に突きつめて考えて得られた結論を持っているということがないから、「何だわかっていないじゃないか」ということになり、勝ち目がなくなってしまう。

数式で表現してもわかったことにはならない

こうした事情は、科学者の場合も同様といってよいが、異なった事情も介在している。物理学の方面では、理論的な問題なら、数式で表現できれば、それで事は終わったとする向きが、わが国の研究者に多いように感じられる。

このように言うのは、多くの人が、「……を式で書けば、かくかくしかじかと表わされる」と表現できたところで、これでわかったと考えて、安心してしまう。ところが、アメリカ人の中には、当の式の具体的なモデルが、あるいは定性的なアイデアとして説明されて初めて、わかったと納得する人たちがいるのである。

私は直接居合わせたのでよく覚えているのだが、こんなことがあった。ある日本人研究者の口頭発表のあとの討論においてである。質問は、発表の中に出てきた数式をモデルによって、その意味を説明してほしいという内容であった。

この研究者は、数式で表わすことができれば、それで十分だと考えていたのかどうかわからないが、すぐには答えられなかった。回答に戸惑っていたのを見たこの質問者は、たたみかけるように、それでは物理的な内容が正しく理解できていないのでないかとさらに問いつめたのであった。

私も若い頃に似たような経験をしたので、反省とともによく記憶しているのだが、わが国の研究者が物理学と向き合う態度は、数理物理的に研究内容や結果が表現できることに重点を置くものである。

数学が苦手な私には、学生時代に、このことが大変な重荷に感じられた。実際、三年生の時に、物理学におけるいくつかの講義課目の学期末試験で欠点を取り、これでは四年で卒業は覚束《おぼつか》ないとの焦《あせ》りが、気持ちの上に生じた。

そこでどうしたか。四年になる前の春休みに、物理学全体について基礎的なことがらを、約一カ月かけて一生懸命に勉強しなおした。その過程で、自分なりに納得できたことは、物理現象の成り立ちについて、モデルを考えたりして具体的に理解できれば、件の現象を表現するための数式が導けるのだという大切な、今思い返してみれば、至極当然な理解の仕方であった。

四年生になり、三年生の時に欠点を取った講義課目はすべて試験にパスしたのだが、三年生の時に、どうして落ちたのか、その理由が私なりに納得できたのであった。

肝要なことは、物理学の勉強においては、数式で表現することを試みる前に、当の物理現象が成り立つ要因を明確に正しく把握することが、まずなされなければならない。そのうえで、それらの要因を正しく数学的手法にのせれば、数式による表現の仕方が自《おの》ずとできることになる。当時の私には、こうしたまったく当たり前のことが、数学理論に惑わされてわからなかったのである。

こうした経験を通じて、「数式で書けば云々」という言い方を私は全然しなくなった。大切なことは、当面の扱う物理現象を成り立たせている要因について、ていねいに分析し、これらの要因がどのように組み合わされて、その物理現象を生じさせるのか、そのうえで、モデルにより再現できるかどうかについて検証してみることである。

先に引用した日本人研究者の口頭発表に対する質問は、扱っている物理現象について、数式による表現を試みる以前に、その成り立ちを定性的に考え、モデルを作るなどして理解することが大事なのだと示唆《しさ》している。

どんな物事に対してであれ、私たちがそれについて理解するには、その成り立ちと、それを成り立たせている要素や要因について徹底的に分析し、詳しく調べ上げ、それらがどのように組み合わされて、件の物理現象が再現できるかという段階を踏まなければならないのである。

すでに触れたことだが、アメリカにあって、研究者たちとの議論を通じて、私が学び取ったことは、一つずつ理詰めに順々に議論をすすめることを通じて、その議論の対象を成り立たせているすべての要素、または要因にまでさかのぼって摘出し、疑問の余地を残さないところまで、突きつめることの大切さであった。

そうした状況で、精神的に疲れるのは、当然のことである。

私たち日本人の多くは、このように一切の疑問の余地を残さないところまで対象とした課題を追いつめたり、問いつめたりすることなく、中途半端にあいまいのままにしてしまいがちである。完全にわかるということは、容易なことではないのだということを、自覚する必要がある。

日本の役人は交渉下手だと表題に掲げたが、下手という以前に、当の懸案に対して完全だと言えるだけの理解にまで立ち入っていないから、相手から見た時、交渉下手に見えるのであって、このように言われることになった責任が、自分の側にあることを反省を込めて理解すべきなのである。

日本語を正しく使えないと英語も正しく使えない

わが国では、中学や高校でなされている英語教育に、英語による授業を近い将来に導入することや、小学校での英語教育導入が決まっている。また、幼児にも英語教育を行なうよう勧告されており、すでに幼稚園などの幼児教育施設でも、英語教育を始めたところが出てきている。

しかし、これらの英語教育が主たる目的としているのは、英会話を中心としたもので、英語による意見や意思の表明といった内言語（I言語）系に関わるものではない。したがって、言語としては、反射的（reflexive）に使われる外言語（E言語）系としての英語教育がなされることになる。

私たちは、相手となった人たちと会話する際には、沈思黙考したうえで自分の意見や判断について語ったりは、通常しない。英語による会話の学習でも、語られることがらの内容は常に応答的なものとなるから、決まりきったことばの使い方を学ぶにすぎない。

大切なことは、英語にあっても自分の意見や判断について、筋道立てて系統的に、論理の糸をたどりながら、たとえ発音がまずくても話せることなのである。初等・中等教育、あるいは、幼児教育において、英語教育をしようというのなら、やさしい文章の構成からなるものでもよいから、その内容を正しく読み取れる能力を養うことを目的としたものでなければならない。

単語の発音について、幼児の段階で正しいものを学んだとしても、長じてからそれらを使う機会がなかったら、ほとんどすべてが忘れられてしまう。逆に英語国民と話さないではすまない職業に将来就いたとしたら、正しい発音を必ずできるようになる。

私たちにとって大切なことは、母語である日本語である場合でも、内言語（I言語）系としての日本語を学習することである。外言語（E言語）系としての日本語であれば、私たちはそれぞれ小さい時から経験を通じて学習してきているから、使うのにはほとんど苦労しない。たとえ幼児であっても、反射的な意思表示は可能である。大切なことは、内言語（I言語）系によることば遣いを私たちは学び、それが使いこなせるようにならなければならないのである。

したがって、内言語系としての日本語が正しく使いこなせないようでは、内言語系としての英語を正しく、論理的に使えるなどということは、全然期待しえない。まずは、内言語系としての日本語を正しく使えるように教育を施さなければならない。

日本語を用いて、自分の考えや意見などについて、論理的に、そうして客観的に順序正しく表現できるようになっていれば、英語においても同様の能力を培《つちか》っていける。だからまずは、内言語系としての日本語を正しく使用できるように教育することが大切なのである。

日本語の正しい使い方を学ばなければならないなどと言うと、小さい時から使ってきているのだから、そんな学習は不要だという声が聞かれそうである。

前にも述べたように、日本語について、読み・書き・話し・聞くの四つの能力について、若い人たちは学ぶ必要があるという意見を、ある会合で述べたところ、誰もが自由に日本語を使っているのだから、そんな学習は不要だと反論された。

この不要だという声の裏には、ことば（言語）の体系には、外言語系および内言語系の二通りのものがあるという大切な事実が理解されていないという事情があるものと推測される。

自分の意見や見解、あるいは意志などについて、説得力を持って、かつ客観的に論理に則《のっと》って表現することは、容易なことではない。対象となっていることがらについて、十分に正確に、疑問の余地やあやふやな点を一切残さないように試みることは、母語によっても簡単にできることではない。

科学の分野にあって研究に従事している人たちは、自分が得た研究成果について、研究論文を作成するに当たっては、あいまいな表現、主観的な表現、また、それに伴う主張や強調点など、自分の思いこみを一切含まないように注意しなければならない。このことは、日本語であれ、英語その他の言語であれ、それらを用いて作成される研究論文すべてに要求されることである。

そのためには、日本語を論理的に、かつ客観的に、冷徹に使えるようになっていなければならない。論理的かつ客観的に順を追って思考がすすめられるためには、ことば（言語）の用法が正確に使えるようになっていなければならない。

このことは、日本語の場合に限られたことではなく、どの言語の体系を使う場合にも成り立つことである。そのため、日本語が正しく使えないようでは、英語やほかの外国語を正しく扱えるようにはならないのである。

わが国で近頃喧伝《けんでん》されるようになった幼児に対する英語教育は、今まで述べてきたことから明らかなように、害はあっても、利となることはまずない。国際化がすすむ時代に対処すべく、英語教育を若い人々に対して、できるだけ早期に始めようという意見を持つ人々は、たぶんことば（言語）の体系の本質について、また日本語と外国語の表現上の相違などについて考えてみたことなどないのであろう。

さらにわが国のように、言語教育を疎《おろそ》かにし、読み・書き・話し・聞くという四つの能力開発を怠っており、母語すら正しく使えない人間が数多くいるという事実があるにもかかわらず、そこに目を向けず、こんな意見が出されるのにはまったく驚く。

母語を正しく使うことができて初めて、母語以外の言語の体系が正しく学習でき、その体系が使えるようになるのだということを忘れてはならない。

いろいろな言語の体系の間には、一筋縄ではいかぬ複雑な相互関係があり、それらが誤って解釈されたり使われたりしたら、立ちどころに、人々の間における相互理解は消え去ってしまうのである。

もう一度繰り返して言うが、英語に関して、話しことばにしても、書きことばにしても、正しく使えるようになるためには、私たち日本語を母語とする人たちは、先に述べたように、日本語が正しく使えることが必須の条件なのである。

わが国には、「タテのものをヨコに……」という表現があるが、タテが正しくできていなかったら、ヨコは正しくならないのである。

今から三〇年ほど前のことになるが、こんな経験をしたことがある。アメリカのNASAで働いていた間に、私は五〇篇ほどの研究論文を発表した。それらは「ネイチュア(NATURE)」、「天体物理学雑誌(The Astrophysical Journal)」、「太陽物理学(Solar Physics)」ほかの国際的な研究誌に掲載された。

このような経験があったことから、日本に戻って来てしばらくして、日本の研究仲間の一人から、日本人が書いた研究論文について、その英文を見直す手伝いをするように依頼された。英語の文章について、私自身、それほどの実力があるわけではないが、手伝うことにして、いくつかの研究論文を見せてもらった。

これらの論文を読んでいく中で、まず最初に感じたのは、内容の展開において、論理が明確でなく、どのような主張がしたいのか、はっきりしない例が多いのに気がついた。

これらの論文を作った人たちに、素直に私の疑問をぶつけたところ、皆同じように、日本語で作った文章を英語文に訳したのだから、論旨が明確でないなどということはないはずだと言われた。

ある人の場合では、元の日本語原稿を見せてもらった。これを見て、私が驚いたのは、その日本語の論旨がなっていないという事実であった。こんな日本語原稿を英訳していたのでは、英文原稿の論旨自体が明確でないものとなってしまうのは、当然の帰結であった。日本語の文がいい加減なら、英訳されてもよいものとはならないのである。

外国人とディベートするのに必要なこと——「パラグラフ思考」

ディベートは、対論とここでは訳したように、相対する相手があり、当の相手とある特定の課題について議論する。そうして相手を説得して、自分の論旨に従わせるというか、賛意をとりつけるように、言論でもって強制するという論法に関わる。

私たち日本人の多くは、ディベートに対する経験に乏しく、対論の相手を論駁《ろんばく》し、説得するか合意に至らしめるといった一種の強制を伴うような議論のすすめ方に馴れていない。

ところが、多くの外国では、人々の間でなされるディベートは当たり前で、国家の議会やいろいろな委員会のような諸公式機関でなされるだけではなく、たった二人の間でなされる議論にも当てはまる。二人の間でなされるディベートを聞いていると、まるで喧嘩《けんか》か何かしているかのように激しい語調でやり合う。彼らの母語の体系が、日本語のそれとまったく異質のものだからである。

前にも述べたように、私たち日本人の多くは、他人と自分とが能力や知識、あるいは人格といった個人の資質について一〇〇パーセント異なっているとは見なさない。能力は誰にも平等に備わっているとする〝偏見〟さえある。理解力についても、自と他が同じだと想定されていたら、物言いに厳密性を求めなくなってしまうのも当然である。

時に聞かれることに「うまく話せないのだが、この気持ちわかるだろう……」「ウーン。わかる、わかる……」といった禅問答みたいなやり取りがある。これでは論理的な物言いに通じる思考力は育たないであろう。

このようなことば遣いをしながら、外国人とある問題についてディベートするのだとしたら、初めから勝ち目はない。論理的な思考から遠く外れていることば遣いをしているからである。

ディベートにおける議論では、論旨は論理的に展開され、そこで語られる内容はすべて客観的なもので、誰の目から見ても当然だ、と認められるものでなければならない。さらに、この論理は演繹的《えんえき》(deductive)なもので、論じていく過程で、論理が発展していかなければならない。そうでなかったら、対論の途中で、論理の展開が止まってしまい、ディベートは負けとなる。

ディベートにおいては、相手方の人たちの議論における論理の展開がまともになされているかどうかについても、十分に注意を払わなければならない。論理の展開にまやかしやトリックがあってはならないし、それを私たちは見逃してはならない。そのためには、論理の展開を正しく追跡していけるだけの理解力が要請されるのは、当然のことである。

このように、ディベートは相対する人たち、またはグループ間でなされる真剣勝負なのである。それゆえ、ディベートの課題、またはテーマに対し、十分に理解し、その理解の下に、透徹した論理を駆使して、順序よく説明していくことが必要とされる。その際、あとで述べるように、主題となることがらを、パラグラフ（文節）にまとめて、誤解されないように、配列していかなければならない。

パラグラフ（文節）にまとめるという作業は、私たち日本人が最も不得手としているのではないかと感じた経験がある。私は、専攻する科学の分野について初等的な説明を試みた本を、今までにいくつか作ってきているが、それらのほとんどに対し、編集担当者から、パラグラフ（文節）をいくつかに分解して、作り直したらどうかと示唆された。読者となった人がついていけないというのであった。

パラグラフ（文節）は、いくつかの文からなり、それら全体で一つのまとまった内容を表現するものである。日本語では段落に近いが、複数の段落が一つのパラグラフ（文節）となることもある。

研究論文でも、本のような著作物でも、文章の基本単位はパラグラフ（文節）で、それらが論理的な整合性の下に順に並べられて、長い文章ができていくのである。したがって、パラグラフ（文節）を、いくつかの短文に分けてしまうことは、本来あってはならないことなのである。

ディベートにあっても、一つずつ主張すべきことがらをまとめて、それらをパラグラフ（文節）の形にして、順に展開しながら論じ合わなければ、互いに何を主張したいのか、わからなくなってしまう。そのうえで、パラグラフ（文節）同士は論理的に互いに結ばれていなければならない。

このようなパラグラフ（文節）による発想ができなければ、外国人とのディベートにあっては、初めから勝負がついていることになってしまう。思考の展開が論理的でないからである。日本の役人や科学者がディベートで遅れをとるのは、このパラグラフ（文節）の連続からなる文の作成に対する訓練が不十分だからである。

それからディベートにおいて大切なことは、〝感じ（feeling）〟で物を言ってはいけないということである。ともすると、私たちは心情の面で、情緒的となり、感情が表に出る場合がある。

ディベートで大切なことは、議論の対象に対し、透徹した論理の展開が要求されるのだから、語るべきことがらについて、完全と言えるところまで理解していなくてはならない。中途半端は許されないのである。

日本人のほとんどすべてが、世界の他の国の人たちと比較して、非常に物分かりがよく、相手の言うことをよく理解する能力をそなえている。ところが、このことが災いして、ディベートがうまくできないのではないかと私には感じられてならない。ディベートは、少々物分かりの悪い人たちに向いているのかもしれない。

「好き嫌い」は意見ではない

わが国でも、政治や経済、あるいは社会に関わるいろいろな問題について、世論調査がしばしばなされるようになっている。

この原稿を綴《つづ》っている時点でも、例えば、現内閣を支持するかどうかとか、この内閣による景気対策は信頼しうるかとか、本来であれば簡単にはとても答えられないような難しい質問が、街頭で出会う人々に向けてなされたり、時には無作為に抽出された人々に電話によるインタビューの形で、意見をたずねていたりする。

そして、それらの回答に対して、何パーセントの人々がどうだった、こうだったと並べて、例えば、内閣支持率が何パーセント、不支持率が何パーセント、その結果、支持しないほうが何ポイント高いなどと、公平を装って公表される。

しかし、これらの結果は、はたして実態を正確に表わした数字だろうか。

人々は、内閣の施政方針や、総理大臣の政治に対する姿勢、また閣僚たちがどんな経済政策を具体的に掲げているか、文科省における教育上の施策はどんなかといった具体的なことがらにまで立ち入って調べたうえで自分なりの結論を持っていて、先に挙げたような質問に回答を寄せているのだろうか。

私の見るところでは、こういったことにまで深く立ち入って調べたうえで、自分なりの結論を持っていて、質問に回答している人は、少ないだろう。

こんな回答の結果から統計を取って、現在の世論はこうなっていると言われたら、私は「待ってくれ、そんな確信を抱いて回答することなど、できないだろう」と言いたくなる。

回答者の多くは、ただ単に、自分の好悪《こうお》判断に従って、ああだ、こうだと答えているにすぎない、と私には見えるからである。

そのうえで強調したいのは、好悪判断、つまり好き嫌いは意見ではないということである。好きだ嫌いだという感情の下になされた回答が意見だとされ、それが世論を形成するのだとしたら、作為的に世論を作りだすなどといったことが、簡単にできるようになってしまう。

特に、こうした調査における質問の中に、「……はいいと思いますか」「どちらがよいと思いますか」などと、「思う」を入れた質問がなされたとしたら、これこそ、好き嫌いという情緒に関わった回答をひきだすものだと、私たちは考えなければならない。

こんな好悪判断によって、例えば総理大臣という一国を担《にな》う職務についている人間の資質に関して、回答を求めたりするのだとしたら、そこには人気取りにあやかろうとする風潮にこびるような人間が出てくるのは避けられない。それではポピュリズムと呼ばれる風潮を招く素地を用意することになってしまうのではないか。

最近、私たちの身近なところで広がっているのが、このポピュリズムの風潮であり、わが国の政界にも、その流れが見られるようになった。このないわば人気取りの風潮に乗って、政界に躍り出てきた人間に、国の政治を動かされたのではたまったものではない。

さらに、こうした国の命運を左右しかねない危険をあおるようなマス・メディアによる世論の動向調査には、末恐ろしく感じられるものがある。もしかしたら、マス・メディア自体が、ある特定の世論を作りだすように扇動《せんどう》するなどということもあるのかもしれない。

こうした動きに左右されないために、自分の意見や考えと、趣味とか好き嫌いに関わった感情とを区別できるようになる必要がある。事実と好き嫌いとは完全に別次元のことなのである。そのためには、私たち一人ひとりがことばを論理的に理解するよう、十分注意していかなければならない。例えば、次の二つの文について考えてみよう。

アインシュタインは、相対性理論を建設した偉大な学者であった。
あの可愛い目をした人形は、彼女のお気に入りである。

これら二つの文章は、論理的であると言えるだろうか？　ぱっと見では、一つ目の文章は、客観的な事実を述べた論理的な文章であるように読めるかもしれない。

しかし、まず一つ目の文にも、意見が含まれていることに注意しよう。何がそうかと言うと、〝偉大な〟が意見なのである。私たちのほとんどすべてが、アインシュタインを偉大な学者だと見なしていることであろう。だが、そうでないという人もいるかもしれない。この〝偉大な〟という表現は、この文を作った人の意見でしかないのである。

二つ目の文にも意見が入っている。その意見は、〝可愛い〟である。もしかしたら、ほとんどの人が、その人形の目を可愛いと感じるかもしれない。だが、そうでないと感じる人のいる可能性もある。事実は、この人形が彼女のお気に入りのものだということであり、〝可愛い〟は見る人によって、そうは見えない場合のあることを、私たちは忘れてはならない。

このような用例からただちに推測されるのは、私たちが、ほとんど無意識のうちに、話しことばにも、また書きことばにも、意見をたくさん含めながら使っており、それをおかしいと感じていないということである。

ことば遣いにおいては、事実と意見とを、私たちは峻別《しゅんべつ》しなければならないし、好き嫌いは情緒に関わったことがらで、意見ではないのだということも、銘記しなければならない。

ディベートにおいては、好き嫌いという個人的な感情にまつわる表現や、意見に当たることば遣いをせず、事実のみで議論を進めることが重要なのである。

日常のことば遣いから排すべきあいまいさ

一九七九年に、私は『「考え方」の風土』（講談社現代新書）と題した本を出版した。この本の中で、私たち日本人の多くの思考様式が感覚的に流れ、あいまいとなっている、と指摘した。そのうえで、欧米の人たちの物事に対する論理的な思考様式に対比して、それに〝感覚的思考〟という表現を用いた。

物事の成り立ちについて論理的に考えることは、その物事の成り立つ要素と要因とを徹底的に、恣意《しい》を交えず客観的に分析し、そこから論理・推論を論理的に展開することに通じる。それゆえ、あいまいさを一切残さないように努めることになる。このような思考様式は、誰にでも必ずできることなのに、わが国の教育では、これに対し重きを置いてこなかった。なぜだろうか。

その理由として、一つ考えられることは、わが国の人たちの多くが、自分の意見を持つことに馴れ親しんでこなかったという歴史的事実である。

私たちの多くは、時の為政者や、現代でいうならば、いわゆる知的文化人、あるいは、進歩的文化人といわれる人たちが、世界事情、あるいは社会や経済、その他いろいろな問題について、書いたり述べたりしたものに従って、自分たちの意見だとしてきた。というよりか、そうした権威に寄りかかることにより、安心してきたのだ。

このように、私たち日本人は、自分の意見を持ち、それを的確に表現できるようにする訓練を、教育上で怠ってきた。だから先に挙げた著書の中で、〝日本という国はふしぎな国である。自分の意見を持たなくても生きていける〟と書いたのである。これでは、ディベートなど望むべくもないではないか。

私たちの多くが、ある問題について、自分の意見を求められた時に、好きか嫌いかが判断基準となり、本当はどうなのかと追及された時、あいまいな返答しかできないことになってしまう。そのうえで、「誰それの本にはこう書いてあった」とか、「何とかという評論家は、このように書いていた」などと、答えてしまうことになる。こんな経験を、私はアメリカで仕事をしていた時、日本から来た人たちから、実際に経験させられたのであった。

この頃の若い世代の人たちの多くは、自分の意見を持っているように見えるから、近い将来には、外国人相手のディベートにおいても、堂々と立ち向かっていける人たちが出てくるものと予想される。このように期待したいものである。

自分の意見を持つということは、思考の過程において、あいまいさを排除し、厳密な論理に則り、思考の発展的展開を図ることである。意見とは、いろいろと自分なりに努力し、勉強したり、また研究したりして作りあげるもので、簡単にくつがえされたりするものではない。

だが、今でも多くの人が、「思う」や「思います」を頻繁に使っているのを聞くと、日本人のことば遣いから、あいまいな表現をなくすのは難しいと感じられてならない。議論の最中に、自分が正確に理解していなかったり、知識が十分でないことに気づいた場合には、自分の意見が不確かなものであり、推測で話しているのだと、はっきり表明すべきである。このようにすれば、相手側に誤解されずに済むことになる。

ディベートにおいては、互いに相手側の発言における論理的な展開を理解し、それをなぞりながらたどっていけば、自分の発言にも、それが正しく生かされるはずである。それにより、ディベートが弁証法的に発展していくのだし、合意（negotiation）にまで到達できるのである。

まずは、思考の過程におけるあいまいな展開を徹底的に排除するように努めることである。

第3章　日本語のすぐれた性格を見直す

繰り返されてきた日本語不要論

日本語の体系は、非論理的な構成となっているので、物事について正確な表現をするのには適していないとしばしば主張されている。こうした指摘は、明治以来、いろいろな人によりなされてきている。

科学者の間でも、研究成果の正確な表現には、論理的な展開において、日本語の体系は不向きだとの意見が、時に出される。日本語自体の持つ文法的性格が、英語その他の外国語に比べて、ある面でユニークな点があり、それらが克服されないかぎり、日本語は学術用語として適当ではないし、日常語として使われる場合でも、非論理的な性格のために、意見や考え方を正確に表現できないのだと批判される。

実際、明治初期には、文部大臣を務めた森有礼《もりありのり》が、国語については日本語を廃止して、英語にすべきだと主張している。また、漢字・仮名混じり文は、書いたり、読んだりするうえで、難点だらけだからと批判され、国語ローマ字論が展開されたこともある。

また、作家の志賀直哉《しがなおや》が日本語を廃して、ことばとして流麗でエレガントなフランス語を、国語に採用すべきだと主張したことは、よく知られている。この作家はこんな主張をしながら、フランス語を解しなかったというのだから、念が入っている。

本章では、このような日本語コンプレックスの原因がどこにあるのかについて、考えながら、その過程で、日本語という言語の体系を、私がどのように見ているかについて、まず語ることとする。

確かに、日本語の体系を使って、文章を作る際には、漢字と二つの仮名文字、平仮名と片仮名の二つが併用される。文字面だけをみると、随分複雑だと感じられるが、こうした用法には、他の言語体系にはないすばらしさ、または、ユニークさがある。要は、この体系を私たちがどのように使いこなすかである。

本章では、このような日本語の体系について、いくつかのすぐれた性格を、私は抉《えぐ》りだして紹介するつもりである。

もちろん、こうした私の意見に対して異論がいろいろとあるものと予想される。これらの異論と私の見解とを戦わせることにより、日本語の体系をさらによいものとしていけるのではないかという希望が、私にはある。ここに、ディベートの面白さがあるのだと言ってよいであろう。

現在、世界の中では、数多くの言語の体系が存在し、それらが日常使われている。だが、これらの言語は、どれも完全なものではない。言語体系の基礎に、経験に基づいて意味が決まったたくさんの単語を用いたことばの用法や、表現の仕方が横たわっているからである。

これらの用法や表現の仕方は、論理に基づく説明や解釈に帰結しえないから、これらを理解するには、私たち自身が経験を通して、学ばなければならない。

このように、私たちが日常使うことば（言語）の体系は、その成立の基礎に、私たち自身の経験を通じた共通の理解が横たわっているのである。私たちの母語である日本語の性格について論じる場合も、この事実を忘れてはならない。

このような制約が、ことば（言語）の体系の根底に横たわっているという事実を理解したうえで、日本語の性格について論じなければならないのである。

日本語は本当に「非論理的」なのか

この章の冒頭で述べたように、日本語はことば（言語）の体系としては非論理的だ、としばしば主張されてきている。こんな言語を、日常使用しているのだから、私たち日本人の思考が論理的とならず、あいまいなままなのだと、激しく非難する人々もいる。

しかし、私の見るところ、どこの国の人々の場合でも、自分たちが使っている母語が、ことば（言語）の体系として完全なものであるとは考えてはいない。

日本語の体系が、もし完全なものであったとしたら、話しことばにしても、書きことばにしても、新しい表現の仕方が案出されたり、新しい術語がいろいろな分野で造り出されたりすることもないはずである。

ところが、私たちが経験から知っているように、日本語の体系は、歴史上でも随分大きく変わってきたし、今も変わりつづけている。言語の体系は、常に進化しつづけているのである。ここで使っている進化（evolution）という表現の意味は、進化論を提唱したチャールズ・ダーウィン（C.Darwin）が構想したアイデアと、同じ思想に立っている。

進化というと、私たちは物事がよい方向へと変化していくのだと、つい考えがちだが、英単語の“evolution”には〝よい方向へ〟という意味は含まれていない。私たちが「よい」と考える方向と、「悪い」と考える方向へと向かう確率は等しいのであって、進化には目的性は含まれていない。

ことば（言語）の体系の進化もまた、ダーウィンが構想した進化の過程と同様のものなのである。進化の過程は無目的で、方向は中性（neutral）なのだ。

経験による学習を通じて獲得した各人の持つ言語の体系を一〇〇パーセント論理的なものに組み上げることなど、先に述べたように、できることではないのである。当然のことだが、日本語も、言語の体系としては不完全なままである。

このような制約は、どの言語の体系にもあるのだから、どのような工夫をしたら、論理的な使い方が話しことば、書きことばの両方に対してできるのかについて研究し、こうした使い方に近づけるよう努力するのが、日本語を日常使っている私たちのなすべき義務なのだということになる。このような努力を通じて、日本語が、論理的に使われるようになっていくのである。

わが国で日本語が「非論理的」だと声高に唱える人たちは、日本語以外の言語の体系は、論理的なのだ、と主張するのだろうか。もしそうであったとしたら、どのことば（言語）の体系にも、完全なものはない。言い換えれば、非論理的な性格が必然的に伴っていることに、考え至っていないのだと言うことに、私は躊躇《ちゅうちょ》しない。

ことば（言語）の体系には、外言語系と内言語系（チョムスキーによれば、E言語系とI言語系に対応）の二つの異なった性格のものがあり、前者は反射的（reflexive）、後者は意志的（voluntary）に使用されるのだと、前に触れた。

この節で取り上げた日本語の言語としての体系は、後者の内言語系（すなわち、I言語系）に関わるもので、私たちの脳内での内省を経て、意志的（voluntary）に組み立てられた体系である。内省を経るということは、話しことばにしても、書きことばにしても、表現に当たっては、内容が論理的で、客観的なものとして、整合された形で表現できるよう努力する過程を経過するということである。

しかしながら、言語を完全に論理的に、かつ客観的に表現することは、たぶん誰にとっても不可能である。というのは、言語の体系には、究極のところというか、最も原初的ともいえる動作や感情などについての表現形式が含まれており、それらは私たち一人ひとりの経験に基づいて形成されているので、これらの表現は、すべての人に同じに公平に理解されるとは保証されないし、実際ありえない。細かいところでは、お互いの間に、理解において、常にある程度の齟齬《そご》の余地が残されている。

ことば（言語）の体系は、使う人たちの間で共通の理解がなされているという暗黙の了解の下に使われる。

この共通の理解が一〇〇パーセント可能かというと、経験や能力の相違により、そうはいかないという欠点というか、難点があることを、私たちは忘れてはならない。他人の意見を聞く場合でも、聞く側の人は、必然的にそれを自分なりに解釈したり、理解してしまう。

こうした個人の資質に関わった要因がついてまわるのだから、日本語という言語の体系が不完全で非論理的だという指摘はナンセンスで、意味をなさないのだ、と言ったほうがよいのである。

後述するように、コンピューターによる機械翻訳の研究によれば、日本語の体系が論理的な性格のものであることが示されている。

また、日本語では、話しことば、また書きことばの両者について、結論が末尾に来るから、どんなふうに論がすすむのかわからないという指摘もあるが、これは、ことば（言語）の体系に、非論理性が含まれていることを示すものではない。ただ単に、表現上の問題にしかすぎないからである。

日本語の良い面、悪い面

アメリカ海軍の将校として、横須賀《よこすか》に何年か滞在したことのある友人がいる。アメリカ滞在中に偶然の機会から、この人と知り合い、今に至るまで付き合いが続いている。

知り合った頃、彼は日本語を学びたいとの意志が強く、懸命に日本語を学ぼうとしている気持ちが、私にも強く伝わってきた。

その頃、私が強く感じたのは、助詞の使い方が、彼にとって難しいらしいということと、日本人同士の間なら、明らかに不要と考えられるのに、主語、特に、私（I）やあなた（you）をつい使ってしまうことの二つであった。

私たちにとっては当たり前のことに、この友人が苦労しているのを見ながらわかったことは、英語には、日本語の助詞に当たる単語がないこと、それに明らかにわかっている時には、日本語では会話中で主語が出てくることがないことに戸惑っていることの二つであった。

このようになるのは、彼がアメリカ人なので、英語による発想がつい出てしまうからであった。私たちは、助詞の「が」と「は」の使い分けにほとんど困らないが、この人にとっては大変難しかった。使い分けはどうなっているのかと、随分とたずねられた。

例えば、私たちにとっては「雨だ」という表現は、雨が降っているか、状況によっては、雨が降りはじめたことを意味する。こんな簡単な表現でも、英語では、“It is rainy.”または“It's rainy.”と、文法の決まりに従って、主語（It）を用いた表現にしなければならない。

英語文では、主語（Subject）＋述語（Predicate、実際には動詞Verb）＋目的語（Objective）＋補語（Complement）、短くまとめれば、S＋V＋O＋Cという基本構文の形式が、確固として存在するからである。この基本構文の形式が、英語においては、話しことば、書きことばのどちらでも、必ず守られなければならないのである。

以前、論文の書き方について書いた本の中で触れたのだが、"I go to school."という文では、この順序を勝手に変えたら、意味が全然通じないナンセンスなものとなってしまう。先に示した基本構文の形式が、あらゆる文(sentence)を貫徹しているからである。

英語の基本構文には、このような剛さ(rigidity)がある。こうした基本構文の形式は、ドイツ語、フランス語、ロシア語など、ヨーロッパの言語に共通している。

日本語の場合は、この点については、基本構文の形式がゆるやかというか、許容できる範囲が広く、先の英文に対応する「私は学校へ行く(行きます)」を、「学校へ私は行く」、あるいはまた、「学校へ行くよ、私は(ね)」としても、表現の内容は正しく理解できるし、文章としても正しく、何の違和感も生じない。

こんなに融通《ゆうずう》の利く文法体系を持つ言語は、世界の言語の中で、日本語くらいではないだろうか。一方で、このような文法体系を日本語が持っていることで、私たちの思考から論理性が抜け落ち、表現の仕方がいい加減になり、内容があいまいになるのだ、と批判されることになる。

しかし、こうした融通性は、日本語が不完全な文法体系に拠《よ》っており、論理性を欠いていていることを意味するわけではない。逆に、このようにいろいろな形の表現ができることが、日本語を穏やかなものとしているだけでなく、表現の仕方を多様なものとするという特徴を生みだすのである。

助詞が果たす役割は非常に大きく、先に挙げた「私は学校へ行く（行きます）」という文でも、「……へ行くよ」、「……へ行くね」、また、「学校へ」でなく、「学校に」という言い換えもできる。「……へ行くね」と言ったら、表現が随分と穏やかになるだけでなく、話者の意向まで伝わってくる。「……へ行くよ」では、話者がこうするのだと決めた物言いになっている。

英語文では、こういったニュアンスを伝えようとしたら、アクセントか抑揚により、音の調子を変えるか、違う単語を持ってこなければならない。

日本語文では、漢字と二種類の仮名文字、平仮名と片仮名とを混ぜて使うので、非常に複雑になるから、学習に大変な労力を要するのだ、と主張する人たちがいる。これらの人たちの中には、さらに文章を綴る際には、片仮名文字だけにすべきだという者もいる。

もしそういう主張に従ったとしたら、たくさんある同音異義語の表現を、どうしろというのだろうか。後に述べるように、私たちの頭の中には漢字が入っていて、講演など他人の話すのを聞いている時にそれらを脳裡に描いているので、同音異義語であっても、それらを区別し、ほとんど誤解することがない。それほど、日本人の理解力はすぐれているのである。

また、片仮名文字があるお陰で、多くの外来語を、漢字による日本語の熟語として、新たに作る必要はなく、そのまま、外来語の発音を真似《まね》た片仮名文字で表現しても、これまた、大部分の日本人は驚かない。

例えば、自動車の場合、スピード、ギア、アクセル、レバー、エンジンオイル、タイヤ、ラジエーターなど、日本人にすっかり馴染みとなってしまっている。薬品の名称なども、英語その他、外国語の発音を正確ではないが、片仮名文字を用いてなぞったものが多い。

外国語の音を容易になぞることができるものだから、横着して、外来語の発音をそのまま真似ることが増えた。テレビのコマーシャルなどで、目に、また耳にするいわゆる高級ブランドの化粧品や洋服など、片仮名文字の羅列といったものが大半である。

こうしたことは行き過ぎで、日本語を混乱させる一因となっているが、一方で漢字と仮名が混じり合った文章表現により、どれだけ表現の仕方が豊かに広がったか、計り知れないものがある。

だが、私たちには、日本語という母語があるのだから、どのような表現法に対しても、語法を工夫、あるいは発明し、それらにより、内容を的確に表現できるように試みるのが、私たちのなすべき務めであろう。日本語を良くするのも、悪くするのも、私たちの責任なのである。

日本語文法における難問とされてきた表現に、助詞の「は」をいかに使うかに関わった問題がある。例えば、次のような表現がある。

日本は山が多い。
太郎は足が長い。

このように、「日本は」、「太郎は」という助詞の「は」を用いた前記のような表現が、日本語では数多くなされる。

こうした用法に対し、アメリカの言語学者、ベンジャミン・ウォーフ（B.Whorf）は、「日本は山が多い」という用例について、

“One lovely pattern of this language（日本語のこと）is that its sentence may have two differently ranked subjects.”

と賞賛のことばを寄せている。〝日本（は）〟が、文全体を包括する第一の主語（Subject）で、〝山（が）〟が第二の主語（Subject）だというのである。

先に挙げた二つ目の文では、包括的な主語は「太郎（は）」で、「足（が）」が第二の主語となっている。前者は、日本には山が多いこと、後者は太郎の足が長いことを表現しているのだが、日本語では、このような表現は至るところで、目や耳にする。

だが、聞いていても、あるいは読んでいても、私たちには何の違和感もない。日本語文に用いられる助詞が、このような表現を可能にしているのである。このような日本語の特性が、ウォーフによくわかったものだと感心するのは、私だけではないにちがいない。

今までに何回か指摘したことだが、どのことば（言語）の体系にも欠点があり、完全なものなど存在しない。日本語は不完全で、論理性を欠く言語体系なのだから、国語としての日本語を廃止し、英語かフランス語を国語としたらどうかと言う人たちがかつていたし、現在もいる。英語もフランス語も、言語体系としては不完全なのに、完全だと誤解したのであろう。ことば（言語）の体系は、すべてが今でも進化しつづけているのである。

この節の表題を、「日本語の良い面、悪い面」としたのだが、良さに関わることがらばかり挙げ、悪い面についてほとんど触れなかった。その理由は、自分たちが日常に使う言語の体系を良くするのも、あるいはまた悪くするのも、使用する人間の資質によるからである。

歴史を振り返ってみると、日本人は母語としての日本語を、ずっと古代から受け継いできた。また、漢字が入ってきた当時、日本人は自分たちのことばを表わす文字を持っていなかったので、まず片仮名文字を発明し、漢字文を日本風に読み下せるよう、日本語の表現に用いるようになった。

さらにその後、平仮名文字を発明し、それを漢字と混合して使用するようになり、日本風の独特の書道というすばらしい文化を築き上げた。漢字が入ってきた時に、私たちの祖先は文字を持っていなかったのに、日本語の伝統は揺るがなかった。それだけではなく、日本語の体系に同化させてしまったのであった。

もし日本語が言語の体系として、現在、表現の仕方などが悪くなっていきつつあるというのなら、その原因は、現在を生きる私たちに責任がある。私たちが悪い表現法を作りだしているから、日本語が体系として乱れてしまい、悪くなったのだと言わなくてはならない。

ことばは進化していくのだから、言語の体系を悪くしようと試みる人たちが大多数となれば、悪くなっていく。悪化の方向への選択が働くからである。もう一度言う。母語である日本語を良くするのも、あるいは悪くするのも、それを使う私たち自身なのである。

漢字の持つ情報量の豊かさ

現代国語と呼ばれる日本語の体系は、明治維新以後、多くの先人たちの努力によって創造・改善され、今日に使われているような形のものに出来上がった。

明治初年期には、これらの先人たちは、外国語の中にある熟語の多くを、日本語に移し換え、それらを表現するのに漢字を用いた。漢字一つひとつが、固有の意味を持っているからであった。漢字は表意文字なのである。このような表意文字としての漢字を利用して、漢字をいくつか組み合わせることにより、新たな単語や熟語を作り上げたのであった。

その際、漢字一つひとつが、それぞれ固有の意味を持つので、私たち日本人は、それらを見れば意味が読みとれるのだが、結果は、同音異義の熟語がたくさんできてしまった。発音を聞いただけでは、実際に何を意味するのかわからないという事態が生じたのである。だが、使われている漢字を見れば、意味をほとんどまちがわずに理解できるのだから、書きことばとしては困ることがなかった。

今見たように、漢字はそれぞれに固有の意味が込められているので、漢字を用いた熟語には、それ自体が持つ意味が含まれている。だが、話しことばとなると、音だけが耳に入るので、熟語を個々に取り上げたのでは、何を意味するのかわからない。

例えば、花と鼻、川と皮など、音が同じものについて、「ハナ」と「カワ」のように、仮名で書かれていたら、意味をとるのは不可能である。

後に触れるように、文脈（context）の中で用いられる場合には、私たちはほとんど困らないが、単独で示されたのでは、何のことかわからない。話しことばでの使用における難点が、ここにある。いくつかの漢字をつらねて作られた熟語でも同様である。先に挙げたのは、漢字一文字の場合だが、漢字二文字の場合にも、同様の難点がある。

例えば、セイカ（または、せいか）と書かれたり、話された時、これが単独に示されたのでは、意味するところは全然わからない。この仮名三文字に対する漢字の熟語は、例えば、

精華、成果、盛花、聖火、聖歌、生花、青果、正価、生家、声価、正貨、盛夏、製菓、正課……

とたくさんある。

私たちは、漢字で書かれていれば、意味をとり違えることは、まずない。漢字による表現には、こんなに多く同じ音で表わされるものがある。そして、読む側が意味について誤解することは、まずない。それぞれの漢字に固有の意味が込められているからである。

例えば、次に掲げる英単語の意味を、見ただけで理解できるだろうか。

acrophobia, claustrophobia, mathematics, physics, palingenesis, leukemia

これらの英単語のうち、三番目と四番目のものは、それぞれ数学、物理学を意味しており、著者の専門分野にも関わるから意味がわかる。だが、これら二つ以外は、私も英和辞典を参照しなければわからない。

日本語では、これらに当たる語は、この順に、「高所恐怖症」、「閉所恐怖症」、「再生・復活」および「白血病」を表わす。どうだろう、漢字で表わしてみれば、初めて見た人でもだいたいのところは理解できる語となっていることに、納得がいくことであろう。このように漢字の組み合わせで表わせば、何を意味するか推測することが可能なのである。

一方、先ほど挙げた英語の単語は見ただけでは、意味するところがわからない。漢字の使用には、こんなすばらしい利点があることを、私たちは忘れてはならない。

今述べたような利点は、漢字にはそれぞれ固有の意味があることによる。したがって、漢字をいくつか組み合わせて作られた熟語は、個々の漢字の意味を超えた情報を、私たちに伝えることができる。

漢字を使って文章を作れば、平仮名や片仮名を使った場合では、表現できない多様な意味を込められる。そのうえで、それぞれの漢字が決まった意味を持っているから、誤解されることがない。このように、漢字を使うことにより、豊かな世界が、文章表現の上に広がるのである。

今まで多くの人によって、漢字学習の難しさが指摘され、漢字は必要悪だとすら発言する向きもある。だが、漢字が使えることから、多種多様な熟語が工夫され、私たちの日常生活を豊かにしてくれる。平仮名と片仮名という日本製の文字が、漢字と組み合わされて、表現上の豊かな世界が実現するのである。

なぜ話しことばで同音異義語が理解できるか

先に、「セイカ」という発音の漢字の熟語を取りだして調べてみた。同じ「セイカ」という発音で、少なくとも一四の異なった漢字表現による熟語があった。もっと多くあるかもしれないが、これだけの言い表わし方があるのに、誤解されることがないのは、書きことばの場合には、すべて異なった漢字を用いているからである。

では、話しことばではどうなるかということが問題となる。例えば、「オリンピックのセイカ」といった時には、「成果」かもしれないし、あるいは「聖火」かもしれない。もしかしたら「精華」かもしれない。

単語だけを聞いただけでは、解釈を定めることができないが、もっと言い方を変えて、「オリンピックで上げた輝かしいセイカ」という表現なら、「成果」だなと見当がつく。

同じ発音の「セイカ」であっても、文脈（context）の中で捉えれば、どんな漢字を当てればよいか、見当がつく。それゆえ、話しことばの場合には、どのように文脈を設定して語るべきかが、大切な課題となる。同音異義語が話しことばにおいて使われる時、話者は文脈の構成を誤解されないように工夫しなければならない。

「私のセイカは、埼玉県の秩父地方で……」、また「瑞々《みずみず》しいセイカでショー・ウィンドー内をきれいに飾る……」といった表現を聞いた時、人は前者に対しては「生家」を、後者については「生花」を連想し、たぶん誤ることはないであろう。ただし絶対にまちがわないとは言い切れない問題が、同音異義語についてまわるのは避けられない。

だが、日本人の能力がすばらしいというか、世界のいろいろな国の人々とまったく違って、ユニークだと結論したくなるのは、こうした同音異義語をある文脈の中で聞いた時、頭の中にその語の漢字表現がどんなものか、瞬時に浮かんでいるらしいということである。

本人は意識してはいないようだが、漢字表現が脳裡に浮かばなかったら、いくら文脈の中でわかるといっても、理解は不可能である。こんなすごい能力は、たぶん日本人以外には備わっていないのではないか。

このような能力が日本人にあるのは、日本語文による表現に固有な漢字と二つの仮名文字による用法があり、それらが大多数の日本人にほとんど何の困難もなく学習のうえ、習得されているからだ、と私は言いたいのである。

こんなすぐれた能力は、幼児の段階から、文字に親しんできた結果、獲得されたにちがいない。たいていの場合、意識することがほとんどなく、同音異義語のどれが文脈の中で使われているのかが、聞きながら瞬時に理解できる能力は実にすばらしい。こうした理解が難しいと感じた時、話している当事者は、例えば「お化けのカガク」という表現で、「化学」と表わすというふうに語る。

しかしながら、こんなふうに断わりを入れて誤解のないように私たちが試みる場合は、実際にはあまり多くない。このことについては、多くの人たちが、自分の経験から十分に理解されていることであろう。

確かに、同音異義語にはたくさんの用例があり、私たち日本人の間の会話や講演などで頻繁に使われている。このような事情があるがために、私たち日本人は、母語である日本語の学習が容易でなく、日本語の使い方がなかなかうまくいかないのだという批判がある。

しかし先に触れたように、同音異義語によって、大変な苦労を負うているという人の数は、あまり多くはないのではないか。このように言うのは、ほとんど意識することなしに、これらの話を聞いた時、脳裡に漢字が浮かび、ほとんどの場合、誤解することがないからである。語られる文脈の中で、それとわかるように、ほとんどの場合、正しく使われているからである。こんなすばらしい能力を、私たちは持っているのである。

日本人に合っていることばとしての穏やかさ——言語の剛性とは

日本語では、英語その他の外国語と違って、話しことば、書きことばの両者で、ほとんどの場合、主語が使われない。

そのせいで、主語がないから、何が主題なのか明らかでない。こんなあやふやな言語としての体系を、日本語がとっているから、私たち日本人の思考があいまいとなり、論理的に物事の処理ができないのだという主張が、一部でなされている。

だが、私たちも主語を用いなければ、文意が明確でない場合には、きちんと主語を据えて語ったり、書いたりしているではないか。私たちは自明というか、誤解されない場合にのみ、主語を省略しているだけなのである。

英語ほかの外国語の文法体系に対し、ある種のコンプレックスを抱き、日本語の文法体系がなっていないと主張するのだとしたら、誤解も甚《はなは》だしいと言うべきなのである。私たちは誤解が生じる余地のない時にだけ、主語を省略しているのである。

またすでに触れたことだが、アメリカの言語学者、ベンジャミン・ウォーフ（B.Whorf）は、日本語に出てくる主語について、“lovely pattern”だとさえ言っている。

二つの主語という表現で、前に引用したことのある「日本は山が多い」という文についていうと、“日本は”と包括的な全体にわたる主語を用いてから、“山が”とくる。

この時、二つ目の主語であるこの“山は”は当然のことだが、日本にある山なのである。これを誤解する人はまずいない。この「は」という助詞が、文法上で批判の対象となっていることについてはすでに触れた。

「日本は山が多い」という文を、英語文にしたらどうなるかというと、次のようになる。

Japan is mountainous.

か、

There are many mountains in Japan.

第一の文は、日本（Japan）が主語である。“mountainous”は、山が多いことを表わす形容っている。この順序の通りに、話したり書いたりしなかったら、文としては意味をなさず、ナンセンスな表現となってしまう。

こうした剛さ、あるいは融通の利かなさが英語ほかの多くのことば（言語）の体系にある。この剛さを私は剛性（rigidity）と名づけているが、このような性格があることにより、話しことばにしても書きことばにしても、表現されたもの（文にしても、話しことばにしても）の意味が、厳密に決まる。したがって、論理的に見て、厳密な文章表現が可能となる。話しことばによる表現でも同様である。

日本語の場合はどうかと振り返ってみると、こうした剛性は認められないと言ってよかろう。先の英語文では、単語の用いられる順序が決まっているが、日本語ではこの順序通りになぞらなくてもよい。このことについては、すでに述べた通りである。この融通性は助詞が使えることから可能となり、日本語による表現が穏やかとなる理由なのである。

もう一度繰り返すと、日本語の体系では話しことばにしても、書きことばにしても、英語文におけるS＋V＋O＋Cという基本型がなくても表現には困らない。助詞があることにより、いろいろな表現を可能とするからである。

もしかしたら、このような日本語の特性が、論理思考の点で、私たちが弱点を曝《さら》す原因を作りだしているのかもしれない。人と人との付き合いでは、ことばが大切な役割を果たすが、日本人同士の間では、このような日本語の特性が、付き合いを穏やかなものとしているのだと言ってよさそうである。

英語ほかのヨーロッパ起源の言語の体系にも、また中国語のそれにも、このような性格はない。これらの言語の持つ剛性が、これらの言語を母語とする人たちの性格を決めているのかもしれない。ことば（言語）の体系に絡む表現の様式は、文化の様式と密接に結びついているからである。

助詞がもたらした日本語の自由さと穏やかさ

ことば（言語）の体系として見た時、日本語は世界のいろいろな言語の体系の中でも、ユニークな位置を占めていると言ってよいというのが、私の見るところである。

その理由は、英語、フランス語、中国語などの諸外国語と異なり、書きことばにしても、話しことばにしても、ただ単に単語を文法上の規則に従って並べることから語順が決まる、という構造のものではないことにある。このことを可能にしているのが、助詞の存在である。

では英語や他の国の言語にない助詞はどうなのか。外国人が日本語の学習において最初戸惑うのは、彼らの言語の体系に助詞がないがために、その正しい使い方がすぐにはわからないからである。

だが、彼らでも、日本語の語順における規則に馴れてくれば、まちがわずに助詞が使えるようになる。前に触れたことのある私の友人でもそうであった。わが国の場合でも、助詞の使い方に対し、幼児は時々まちがいを犯しながら、正しい用法を教えられて、正しい使い方ができるようになる。ここでも経験が物を言うのである。

特に注意しなければならないのは、日本語による表現では、話しことばでも、書きことばでも、語順に対する許容度が大きく、そこにあいまいさや非論理性が入ってくる可能性があるということである。

これを是正するには、私たちのことば（言語）に対する感覚を鋭くするという習慣を身につけることである。したがって非論理性が入ってくることは、きわめて個人的なことで、日本語の持つ表現法が正しくないことから生じるのではない。

英語における語法は、剛性を示す基本となる文型、つまりS＋V＋O＋Cに拠って成り立っているのだが、日本語の場合は述語（V）がS＋O＋C＋Vの形で、最後にくるだけで、補語（副詞だが）と目的語（これは思考の対象だが）は、英語の語法に対応するものをちゃんと持っているのである。

こうした語法における単語の並べ方に見られる違いさえ押さえておけば、私たちが日本語以外の言語について学ぶ場合にも、困ることはない。ましてや、機械的にある規則に従って、翻訳に当たるコンピューターなら、即座に相違を理解し、決して誤ることがない。

そのうえで、日本語については、あいまいな表現さえ気をつけて排除したら、十分な論理性を示すことができるのである。特に、感情に絡んだあいまいな表現となる「思う」「思います」「……という感じ」「いや」などという言い表わし方をやめて、きちんと対応する表現を試みれば、英語など他の言語に翻訳されても、奇妙な表現となることはない。

このことを心して、日本語の体系を論理的に組み上げるよう試みるのが、私たち一人ひとりに課せられた義務なのだと言えよう。

日本語を「使いこなす」訓練の必要性

ことば（言語）の体系としては、いろいろな言語の中で、英語が語法の面でいちばん決まりが緩やかなので、世界中の人々に最も頻繁に使われるようになり、国際語として通用するようになったのだとする、英語史の専門家による指摘がある。

フランス語の場合には、例えばリエゾンと呼ばれる用法がある。一列に並んだ二つの単語のうち、前の単語の綴りの最後のアルファベットが子音のもので、その後に続く次の単語の先頭のアルファベットが母音のものであった時、この子音と次の母音をつなげて発音する用法である。

例えば、"…s a…"というように相次ぐ単語のアルファベットが並んでいる時、つなげて"…sa…"と母音の発音となる。これについて、ボルドー大学天文台で働く私の友人は、フランスでもこの用法が正しくできるのは、ごくわずかの知的な人に限られるといっている。

このような用法に加えてフランス語の文法には複雑な文法上のいろいろな規則がある。ドイツ語にも、ロシア語にも、私たち日本人から見たら複雑極まりない規則が、文法上たくさんあって、学習を困難にしている。こうした規則がたくさんある言語体系に比べれば、文法上の規則が英語の場合にははるかに少なく、理解するにもやさしい。

日本語の文法について、私たちが意識するようになるのは、教育の場で教えられるようになってからのことであろう。こうした事情は、何も日本人の日本語の使い方の場合に限られるわけではなく、英国人も、アメリカ人も、また他の国の人々もすべて、経験を通じて、当初はことば（言語）の用法について学ぶのである。

したがって、日本語を「使いこなす」ことができるようになるためには、こうしたあいまいな表現を排し、客観的に、そのうえで論理的に自分の言いたいこと、主張したいことを、誤りなく伝えられるよう、努めなければならない。

そのためには、日本語を用いて話したり、書いたりする場合に、どのように表現したら客観的に、また論理的に日本語を操れるかについて留意し、反復して訓練する必要がある。感情に流されないように、ことば遣いに注意しながら、内容をあいまいにぼかした表現とならないように、ことば（単語）を選ばなければならない。

日本語も論理的な構造を性格的に持っていることは、前に述べたように、異言語間の機械翻訳に関する研究からすでに証明されていることも忘れてはならない。

論理的な性格を維持しながら、客観的に自分の論点や主張したいことがらを、ことば（言語）に表わすことは、日本語でも十分にできることなのである。私たちの側で、表現にあいまいさを残さず、誰が聞いたり読んだりしても、意味がただ一つに確定した内容のものとなるよう、表現上の工夫をしなければならないのである。

第4章　日本人の非論理的な思考を直すには

今の日本語の感覚では、学問の世界で通用しない

アメリカのＮＡＳＡで研究生活を送るようになって、いちばん驚いたのは、研究上の問題についての議論のすすめ方であった。

私たちの多くは、〝見ればわかる〟とか〝論より証拠〟という表現を、いろいろな話題に対してよく使う。〝見ればわかる〟という表現は、観察（または、観測）した結果について、こうした行為からあることが結果としてわかったのだから、それでよしとすることに通ずる。そうしてそれ以上、こうした結果が、どんな理由から生じるのかについてはたずねない。それでわかったとしてしまうのである。

〝論より証拠〟という言い表わし方も、議論して理由をたずねるよりも、観察（または、観測）から得られた結果があるのだから、議論しても始まらないのだという意味が背後にある。多くのことがらは、見てわかったら、それから先、どうしてそうなったのかとたずねる必要はない。

だが、科学上の問題、あるいは人間に関わった学問、例えば、経済学や歴史学で生じた問題などのほとんどすべてに対しては、私たちはこうした問題の由来から解決に至るまで、〝見ればわかる〟ではないかと放っておくわけにはいかない。

祥伝社新書

まだまだあるぞ、《夢》と《発見》

充実生活をサポートする祥伝社新書

祥伝社新書

観察（または、観測）してこうだったのだから、それで解決したのだということにはならないからである。

観察、あるいは観測して得られた結果が、どのような成立理由を持つのか、その理由の拠《よ》って立つ源泉（source）はどこにあるのかをたずね、それについて解き明かすことを通じて、科学（science）と名づけられた学問が成立するのである。

〝見ればわかる〟では、観察（または、観測）の対象とした物事が、どのような理由から成り立つのか、また件の物事を構成する要素や要因にどのようなものがあるのかについてはわからないままである。

私たちの多くは〝見ればわかる〟という段階で、すべてが明らかにできたかのように考えたり、または見なしたりしてしまい、それから先にまで深く立ち入ることをしない。

ここのところに、わが国に、科学（science）と呼ばれる学問が歴史上、誕生しなかった理由がありそうである。私たちが自然の中に抱かれるようにして、そこに入りこんでしまい、客観的な対象として見ることができないからである。

日本の文化における自然観は、欧米の伝統が生みだしたものとは、決定的に異なる。私たちの文化では、自然は私たち人間と対立した存在ではなく、また征服されるべき存在でもなかったし、今もそうである。

日本人が「思う」という言葉を通して自らの見解を述べてしまうのも、その影響があるのではないかと考えられる。思考の対象となっている物事について深く、その成り立つ理由を考察しないで、推測や感覚で間に合わせてしまう。思考が感覚的なままで、短絡してしまうのである。

学問とは、言ってみれば冷徹なもので、研究者の感情や思いこみが入っては成り立たない。それなのに「思う」「思います」のようなきわめて主観色の強い情緒的な表現を、科学を含めたすべての学問上の表現に用いたりすれば、学問を客観的なものとし、万人共通の理解を要請するなどということは、不可能になってしまう。

学問上の研究成果を表現するには、話しことば、書きことばに共通したことだが、私たちは何らかの言語の体系を用いなければならない。

したがって、この言語の体系が、冷徹な論理に裏打ちされたものでなかったとしたら、学問の研究成果について、それに関心を抱くすべての人々に理解されるように記述する、あるいは、語ることは困難となるであろう。というよりも、ほとんど不可能となること必定《ひつじょう》である。

言語はすべて不完全である

どんな言語の体系もみな不完全で、完全と言えるものは、世界のすべての言語を見渡しても一つもない。論理についても、完全に無矛盾な体系は存在しないことが、現在では明らかになっている。ことば（言語）の体系には、最も始原的なところに、経験による言語の習得という問題が関わっているからである。

人は、経験を通じて、言語表現の仕方を学びとるという作業をするが、人によって、その意味するところが異なる場合のあることが知られている。この不完全性を了承したうえで、私たちは言語による表現に論理性を持たすように、努力しなければならないのである。

数学の基礎論にも、「不完全性定理」と呼ばれるものがあるが、この定理は私たちが日常使っていることば（言語）の体系が不完全であることに関わっている。数学の成り立ちも、論理一点張りにはいかないのである。論理で説明できない語彙を、この基礎論でも使っているからである。

不完全性定理では、数学上の真理とされる事柄について、数学に用いられる言語の体系を用いて、その成り立つ理由を論理的に証明しようと試みた時、そこで用いられる言語の体系それ自体の論理性を示すことが不可能であることが示される。

このようになるのは、言語の体系の成り立ちが究極的には、私たちの経験に根ざしているために、論理のみで数学上の真理を証明することは不可能だからである。

一九三一年にハンガリー生まれの数学者クルト・ゲーデル（K.Gödel）により、提出されたこの不完全性定理は、数学の基礎をなすと考えられていた形式論理に克服不可能の難点が存在することを明らかにしたのであった。ことば（言語）の体系は、経験に基づくことばの用法に基礎を置いているからである。

どんなことば（言語）の体系においても、人が最初に学ぶのは、話しことばである。話しことばの中でも、とくに反射的な外言語（E言語）系に関わったものから習得していく。

話しことばについて、全然知らないか、ほんのちょっと学びだした状態では、思考の過程が脳内に出来上がっていないのだから、論理的な内言語（I言語）系の体系については未熟な状態である。

私たちの脳の内部には、他人の行為やことば遣いをなぞり、それと同等の行為に引き移すかのように働く、ミラー・ニューロンと呼ばれる特定のニューロンの回路が備わっている。

話しことばの学習も、実はこのニューロンの働きで、可能となる。他人の行為やことば遣いをなぞる働きが、このニューロンによってできることから、私たち一人ひとりは、いわば見様見真似で、こうした行為やことば遣いができるようになる。

こんなすばらしい能力が私たち一人ひとりに備わっていることは驚きだが、この能力は何も人類に固有のものではなく、チンパンジーのような動物や、ツグミのような小鳥にも備わっているので、もしかしたら動物たちすべてに備わっているのではないかと推測される。

知的文化人とか、進歩的文化人と呼ばれる人々の中には、日本人の多くはすぐ感情的になるので、思考が非論理的になるのは避けられないのだと批判する向きもある。

だが、言語の習得のほとんどすべてが経験からなされるのであるから、感情が入るのは、学びはじめの頃には避けられない。言語の起源から推測しても、最初に外言語（E言語）系の体系が作りだされたはずであるから、学ぶのはまず、この言語体系のはずである。この体系は人々の経験に基づいて出来上がっているのだから、語彙やその用法についても、私たちは経験から学ばねばならない。

したがって、そこには論理性はない。このようなことば（言語）の体系が、日常会話におけるほとんどの場面で使われるのだから、話しことばの用法には本来、論理性はないか、あってもも希薄なはずである。

ことば（言語）の体系を、私たちが論理的に組み上げて、客観的に自分の意見や意思の表現に使うためには、脳内での内省を通じて表出することから、初めて可能となる。したがって、論理的な表現は、ことば（言語）の体系を操るうえでは、高度な技術なのである。

この事実を顧《かえり》みないで、日本語が非論理的だとか、日本人は感情に走りやすく、論理的に物事を判断したり、理解するのが苦手なのだと言っても始まらない。

論理性を持たせようとの努力は、どんなことば（言語）の体系にあってもなされなければならないのは、当然である。私たちの多くは、話し手、あるいは聞き手の主観が入りこむことばの使い方をしがちであり、万人共通の理解が不可欠という学問成立の根拠を弱めてしまうことになる。

ことばを論理的に使うにはどうすればよいか

自分の意見や希望、その他どんなことがらについても、他人にそれを伝えるのに、たいていの場合、私たちはことば（言語）の体系を用いる。

時には、感情の変化や手真似などを、ことばの代わりや補助に用いることがあるけれども、これらでは伝えられることがらが、ごくわずかにとどまる。

このことについては、大部分の人が自分の経験から十分に理解しているにちがいない。ことば（言語）の体系の使用は、話しことばとしてだけでなく、書きことばでもなされるが、後者によるほうが、はるかに多くの人に、自分の意見や思想そのほかについて、文章の形で伝えることができる。

文章を作る時、私たちの多くは、文と文との間を結ぶのに、つい接続詞を付け加えたくなる。しかし、英語ほかの外国語の文にしても、文法上、接続詞はあるものの、文同士は互いに独立した孤立文として表現されている場合がほとんどである。

それに加えて、形容詞や副詞を使う場合も、その頻度はきわめて少ない。その理由は、形容詞や副詞は、話しことばにしても、書きことばにしても、それを使う当事者の感情や思いこみがそこに込められているので、公平さを欠くと考えられているからである。

文章作成は客観的な事実を伝えることが目的であるから、意見を表わす余計な形容詞や副詞を用いる必要はないのである。

そのうえで、いくつかの文の集合がパラグラフ（文節）を構成し、それが一つのまとまった内容を表わすものとなるように作り上げる。

このようにして出来上がったパラグラフ（文節）が、演繹的な論理に従って展開され、それらがつながっていれば、それを読む人は自ずと、その論理をたどりながら読むことになる

作っていることを私が知ったのは、だいぶ後のことであった。

彼の著作について勉強することにより、熟語により多種多様な表現の仕方があることがわかった。今でも、彼のいろいろな著作は、たぶん、多くの人々の役に立っているのではないだろうか。

二〇年あまり前のことになるが、日本語による文章表現を、英語文に直してみる機会が私に訪れた。それは、小田《おだ》稔《みのる》・西村《にしむら》純《じゅん》両先生と私の三人で編集し、出版した『宇宙線物理学』と題した本の英語版を作った時のことであった。

この本の共著者は合わせて一三名で、各人が分担した章（二人で分担した章もあるが）について、編集に当たった私は、それらすべてを読み、執筆者といくらかの手直しなどについて相談し、日本語版を完成させた。

この日本語版の評判がよかったこともあり、この本の英語版の出版が決まり、私が全訳することになった。日本語版が出版された当時、私はオランダのユトレヒト大学に客員教授として滞在しており、この本について、同大学教授であったド・ヤーガー（C.de Jager）博士に話したところ、英語版を作るよう示唆され、英訳の作業を始めたのであった。

日本語版の執筆者たちはすべて、わが国を代表する人々であったから、英語版が出版されれば、世界中のこの方面の研究者や学生たちの多くに使ってもらえるという期待があった。

先に触れたように、私一人が英訳の仕事に当たったのだが、日本語版の執筆者による日本語文を読み直しながら、あらためて考えこまされてしまったのであった。

というのは、それぞれの文章を読みながら、スラスラと順に英語文に作っていける日本語文と、そういうふうに簡単にはいかず、日本語文を何回も読み直し、私自身が翻訳するのではなく、完全に作り直さなければ、英語文にならない日本語文とがあることがわかったからである。

この経験は、私にとっていささかショッキングな出来事であった。なぜかというと、日本語文の良し悪しは、日本国内での名声とは、全然関わりがなかったからである。この経験は日本語による文章を作った時に、それを英語文で表わしたらどうなるかという、だいぶ前から私が実行してきた作業をしてみることの大切さを、再確認させてくれた。そのうえで、この経験により、日本語による文章について、論理的に正確に書くことが、いかに大切かということを、あらためて確認させられたのであった。

現在では私は、英語による研究論文、その他の文書を作るに当たって、最初から英語により作業をすすめられるようになっており、日本語が全然出てこないようになっているが、このようなことができるようになるには、アメリカでの研究生活が必要であった。

プロローグにおいて、「思う」「思います」という主観が入った例文を二つだけ、私は取り上げたが、これらについて英語文による表現を試みれば、日本語文による表現をいかにしたらよいか、見当がつくはずである。

日本語による話しことば、また書きことばによるいろいろな物事に対する表現の仕方について、英語文による表現を試みてみれば、私たちが文章を作るうえで、気をつけなければならないことがらが何か理解できるにちがいない。

まず「思う」を使わないで話すことから始める

プロローグにおいて、最初に引用したのは、「相手は強いと思うので、しっかり戦わないといけないと思うから、頑張りたいと思います」という短い表現であった。この中には三回も「思う」という表現が出ている。

こんな表現を聞かされても、私たちの大部分は、そのまま聞き流してしまうが、これらの「思う」が正確にはどんなことを意図し、それにどんな意味を込めて使ったのだろうかと考えてみると、そう簡単にはいかないことがわかる。

最初の「思う」は、試合の相手となるチームの力が手強いと見なしていることを意味する推測に当たろう。二つ目の「思う」は、やはり自分の見解で、選手個人の決意に関わる。三つ目の「思う」は、これも決意で、断固とした表現に当たろう。

だが、「頑張りたいと思います」という表現を、皮肉にとったらどうなるかというと、自分はこんなふうに考えていますが、そうはいかない場合もあるという逃げ口上だと取られかねない。〝頑張りたい〟と望んでいるだけだと取る人がいるかもしれないし、そう取られても仕方のない表現なのである。

どうして〝頑張ります〟と断定した表現にしないのだろうか。そのほうが、同じ決意の表現だとしても、意志が明確に伝わるではないか。

もう一つ例を挙げると、あるテレビ番組のアナウンサーがしばしばする発言だが、「次は△△をお届けしたいと思います」というのがある。「△△をお届けしたい」について、ただ単に「思った」だけなのか、と皮肉な人なら言うであろう。「思うのは勝手でしょう」ということになるからである。

だが、この場合の「思う」は〝お届けする〟ことに、アナウンサーの個人的な感情を込めたわけではないので、実際は「お届けいたします」か「お届けします」でよい。「いたします」という表現は、ていねいな語法なのだから、このように表現すべきであろう。

先に挙げた選手の表現を、例えば、英語文による思考による仕方で書き表わしてみたら、どうなるだろうか。

「相手は強いとの前評判が高いし、自分もそのように見なしているから、しっかり戦わないと負けてしまうかもしれないので、頑張るつもりです（または、頑張ります）」といった表現になるであろう。このように言えば、表現の内容が「思う」という主観から離れて、より客観的となっていることがわかるはずである。

私たち一人ひとりは誰でも、語彙について端折《はしょ》ることをしないで、ていねいに語を重ねていけば、公平で客観的、そのうえで論理的な表現ができるはずなのに、「思う」「思います」を使うことにより、こうした行き方を自分から棄《す》ててしまっているのである。

こんな行き方でやっていながら、日本語の表現は情緒的で、科学上の諸問題についての表現に向かないのだと主張する人たちがいるのだから、呆《あき》れてしまう。まずは、自分の日本語表現がどのようなものかという反省に立って、物申してもらいたい。

「思う」「思います」という表現を用いることで、私たちの物の言い方が、感情に絡んだ情緒的なものとなり、客観性を欠くことになりがちだということがわかって以後、私は「思う」「思います」が、英語語彙の“think”に当たる場合以外は、使わないように十分に注意して物を言うようにしてきているが、時に出そうになって困ることがある。

というのは前述したように「思う」を英語にしたら少なくとも二三通りもの違った表現となるのが、日本語ではたった一つの「思う」で済んでしまうので、明確に意識していないと、その意味を確定しないまま、つい口をついて出てしまうことになるからである。

私たちの多くは、小学校高学年から中学の時代までは、「したいです」「よいです」といった断定的な表現を使っていたのに、成人の段階に近づくと、「したいと思います」「よいと思います」というふうに表現の仕方が変わってくる。

それは、真意をぼかして、自分の希望的観測のように聞こえる表現にしたほうが、相手に対し道徳的だと感じるからだろうか。

しかしながら、こうした表現を多くの人は聞き流してしまうものと推測される。私の場合で言うなら、「……したいと思います」と聞かされた時、「どうぞ、ご勝手に」と、声には出さないまでも、心中秘《ひそ》かに答えることにしている。

「思う」「思います」という表現を、話しことば、書きことばのどちらにおいても使わないように工夫して、表現の仕方を改めていったら、私たちの書く文章や話の内容が、客観的で論理的なものとなっていくのだという期待が、私にはある。

「思う」「思います」という表現は、この表現を用いた当人のきわめて主観的な物言いを表わすものとなってしまうので、普遍性を持たないし、客観性も持ちえない。さらに、この表現は、論理に立つことも拒絶してしまう。

日本人は世界のいろいろな国の人たちに比べて、非常に物分かりがよく、理解力にすぐれているのに、ことば遣いによって、このすばらしい資質が見えなくなってしまっているのが、私は残念なのである。前に触れたことだが、ことばの表現上で、日本語のように穏やかなことば（言語）の体系は、世界のどの言語体系にも存在しない。

こうしたすばらしい言語体系を日本語が持っているのだという事実を、私たちは再認識し、話しことば、および書きことばの両方に対して、私たちは上手に使いたいものである。

「思う」「思います」や、「いや」「いやだ」と表現が口をついて出そうになった時、あるいはこうした表現が文章作法の上で出そうになった時、私たちはこれらの用法によらないで、自分の意見や考えをいかに表現すべきか、あるいは表現できるかについて考えめぐらし、論理的に、より説得力のある表現の仕方を見つけるよう試みるべきなのである。

こうしたことができるようになって初めて、論理的に見て、十分に正しい順序で研究論文が作れるようになるし、外国人との論争（debate）においても、十分に対抗できるようになるのである。英語による話法が達者であることより、はるかに大切なことは、話者が話すことがらの内容の重大性のほうなのだということを、私たちは忘れてはならない。要は、表現すべきことがらの内容を磨くことなのである。

ディベートでの話し方の基本は

ディベートにあっては、議論の対象となる主題（テーマ）が必ず与えられる。この主題がなかったら、ディベートは始まらない。

この主題をめぐって、議論の相手と対論を交わすわけだが、ここでは好き嫌いといった感情的な発言は、全然許されない。対論の内容は、相手と交互に、発展的に議論を重ねていくのだから、どちらの側の発言にあっても、内容について、その真意が正しく伝わらなければならない。

そのため、議論への参加者は、主題（テーマ）について、その問題点を正しく理解し、それに対する表現の技術においても、誤解を生じさせない形式に立って、内容は客観的に論理的に展開されていくよう努力しなければならない。

そのためには、私たちが当事者である場合には、論理的な展開にとって不可欠な内言語（I言語）の体系に拠らなければならない。発言のすべては客観的に表現されていなければならないし、対論であるのだから、相手側に対して説得力ある議論がすすめられなければならない。したがって、ディベートと私たちが呼ぶ対論は、精神面において大変な労力を必要とする。

わが国でディベートというと、たいていの場合が、議論する自他両者の間で平行線をたどりがちだが、そうなるのは深く論理的に、また自分の論点を客観的に表現する工夫が足りず、感情的になりやすいという日本人特有の心情に関わっている。

ことば（言語）の体系を自分の心情から突き放して見つめ、客観的に見て、どのような表現を語彙の面で、また論理の面で、心掛けたらよいのかについて、時間をかけて思考するという習慣を、私たちの多くが身につけてこなかったことが、こうした心情を生みだすことになるのではないか。

世界にはいろいろな民族があるが、日本語を母語とする人たち、つまり私たち日本人は知的に見て、非常にすぐれていると私は見ている。

だが、この母語の持つ穏やかさと、「思う」「思います」という用法のために、発言の内容が感情的に短絡したものとなってしまいがちで、説得力に欠けてしまうのが残念である。「思う」「思います」という表現は、自分の感情を表わすものとなっており、外向的ではなく、説得力を欠くのである。何度も言うが、ディベートでは、表現の中に心情を介在させてはいけないのである。

前の総理大臣が、ある会議における演説で、「思います」という表現を何回も使っていたが、同時通訳に当たった人たちは、いろいろな意味を持たせて用いられたこの「思います」を、どんな英語、その他の言語の表現に置き換えていたのか、たずねてみたいものである。

また、この大臣は、英語が達者だということだが、「思います」に対し、それぞれどのような意味を込めて語られていたのだろうか。日本人である私は、いろいろな場面で使われる「思う」「思います」について、ここはこういう意味、あそこはああいう意味というふうに、自分なりに解釈しながら聞くのだから、少しばかり疲れることになる。そのうえで、判断を狂わせてしまうような可能性まで生まれることになる。

日本語の用法には、話しことば、書きことばのどちらにも、「思う」「思います」の他に、〝気〟を使ったものがたくさんある。

これらの用法は、意味をあいまいにしてしまうので、特定の意味に限定しえないという欠点がある。私たち一人ひとりは、こうした用法にでくわした時、相手の気持ちを忖度《そんたく》し、真意を自分勝手に解釈してしまうことになる。

日本語の使い方に、このような欠陥があるがために、ディベートのような対論相手を説得してしまおうという激しく厳しい議論が、なかなかできない。

こうした難点について十分に理解し、その克服をいかにすべきか、真剣に取り組むことができて初めて、ディベートにおいて戦えるようになるのである。

英語の文章から学ぶ「パラグラフ思考」

英語で書かれた新聞や、「TIME」「Technology Reviews」などの雑誌に掲載された文を読んだ時、一つひとつの文が孤立しているのに、それらが順につらなって、一つのパラグラフ（文節）を作ると、全体としてある主張がまとまった内容のものとなっていることがわかる。

このように、それぞれの文が独立したものとして書かれているから、接続詞（Conjunction）を使う必要はない。相続く二つの文に、意味上の強いつながりがある場合には、接続詞を使って両文をつなぐが、本来は一つひとつの文が孤立している。英語で書かれた新聞ニュースや解説文を読んでみた時、それぞれの文が孤立していることがわかるはずである。

読む側の人がこれらの孤立した文をつなげて内容を理解する。これが本来の文を読むという作業なのである。読み通してみて、内容が理解できていなければならないから、読む側の読解力が大切な役割を果たすことになる。

孤立した文のそれぞれが、一つの命題を表現していなければならないから、これらの文はすべて、論理的かつ客観的な内容を表わしていなければならない。そのうえで、順に出てくる文が互いに矛盾することなく、演繹論理に従ってつながり、一つのパラグラフ（文節）を形成し、それにより一つのまとまった内容を表わさなければならない。

こんなわけで、文章を綴るという作業は頭脳に対して、強い忍耐力と労力を課すことになる。論理的な内言語（I言語）系に基づく文を作るのは、簡単な作業ではないのである。

こうした大切なことを忘れ去って、〝話すように書け〟と言って作文をすすめる人たちがいるけれども、これで論理を内に含む客観的な文を作れるようになることは決してない。

話すように書いたのでは、文が冗長になるだけでなく、論理的にもならない。スラスラと文が作れていって、一回の通し作業により、それで終わりになるということは、絶対にありえない。だからこそ、研究論文のように客観性に立つ演繹論理に則った文の集合体を作るのは、簡単なことではないのである。

それなのに、わが国では、文章作法について修練を積むための教育が、全然なされない。文章を作る試み以前になされるべき思考のすすめ方についても、教育がなされない。

わが国はふしぎな国で、私たちは一生を通じて、読み・書き・話し・聞くの四つのことば（言語）に関わる大切な作業について、論理的な内言語（I言語）系の体系を、個人の中に確立するための訓練を受けることがない。

これらは、容易な業ではないのに、それに気づくことすらなく、意見と事実を混同し、あいまいなままで話したり、書いたりする。

その結果、真意の確認が疎《おろそ》かになり、正しく伝わらないだけでなく、時には誤解を招くような事態さえ起こる。不必要な修辞（レトリック）を多用し、内容をわかりにくくしてしまう。

今から十数年前のことになるが、イギリスの週刊科学誌、「ネイチュア（NATURE）」の東京支局長として、編集に当たっていたアラン・アンダーソン（A.Anderson）と、日本人科学者の多くに見られる思考様式の特異性について、話し合ったことがある。

彼によれば、私たち日本人科学者の多くは、思考の論理が直線的でなく、渦巻き型となっているというのであった。

話す場合でも、論文などの文章の場合でも、途中で本筋から外れた話題が入ってきて、そこで論理的展開が途切れる。それからまた本筋へとつながる話題へと戻る。こういうことを何回か繰り返すので、どこに本当に表現したいことがあるのか、わかりにくくなってしまうのだと言われた。

話しことばであれ、書きことばであれ、論理的な展開が順序よくできないのは、話題として取り上げた対象の説明について、論理的な演繹がうまくできず、パラグラフ（文節）にまとめる作業を、私たちの多くが苦手としているからではないか。

パラグラフ（文節）の一つひとつが、内容表現において完結しており、それらが順に論理的につなげられていくことから、一連の長い文章が出来上がる。この本も、こうしたパラグラフ（文節）がつらなってできていることは、読者となられた方々には、たぶん理解されているはずである。

すでに触れたことだが、一つのパラグラフ（文節）を構成するいくつかの文は、それぞれが本来独立しており、それらが論理的な展開となるように並べられているのであって、相次ぐ二つの文をつなぐのに、接続詞が使われることはほとんどない。私たちの多くから見た

第5章　すぐれた文章から学ぶ論理力

すぐれた文章とは何か

〝すぐれた文章〟というと、そのようなものがあるのかといった反論が出されそうだが、私の意見を率直に表わすとしたら、〝私にとって〟という形容が、冒頭に必要になる。

この章で取り上げるのは、私から見たすぐれた文章で、この本を手にとられたすべての人にとっても、そうであるべきだと言うつもりはない。またそうであるべきだと言う必然性は、元々ない。

誰もが、いろいろな人たちの文章を読み、研究して、自分にとって最もよい、あるいは自分の好みや性向によく合った文章だと言えるものを見出し、自分の意見ほか、いろいろな場面における表現に使えるようにするのが、文章の研究なのである。

このことは自分にとって〝すぐれた文章〟を見つけることが、文章作法の上で大切だということを意味する。誰にとっても共通の〝声に出して読みたい名文〟などというものがあるわけではない。

すぐれた文章に関して、大学で学生として勉強していた当時から、半世紀あまり経った今に至るまで、私がいつも感じてきたことは、アメリカ在住の二人の研究者により書かれた英語の研究論文や著書のことである。

一人はシカゴ大学教授だったジーン・パーカー（E.N.Parker）博士、もう一人は元イギリス人で、コーネル大学教授だったトミー・ゴールド（T.Gold）博士である。彼らが書いた文章のほとんどすべてが、私には大変に読みにくかった。すらすらと読んでいけなかったのである。

二人とも、宇宙物理学の進歩に寄与する大きな仕事をいくつもなされており、これらに関係した研究論文や著書のほとんどすべてを、私は読み、研究してきているのだが、彼らの文章は私には大変読みにくく感じられた。

二人とも私より年長であり、ゴールドは先年亡くなったが、研究の最前線にずっと立っており、広い分野にわたり、研究論文を発表してきた。それらのいくつかは、今でも私の研究に役立っている。それなのに、読みにくいという印象はなくならない。

結局、私にとっては、パーカーとゴールドという二人の大先輩の文章は馴染めないのである。強いて言うとしたら、マックス・ウェーバー（M.Weber）の文章と、構造が似ているからである。

この人は科学者ではないが、二十世紀初頭までは、この人の文章に見られるような構造が一般的であった。私にとっての名文とは、読みながら内容が容易に理解でき、頭に入っていくものである。

このような経験は、多くの人にたぶんあることであろう。失礼な言い方だが、これら二人の文章は、文章作法の勉強には役に立たなかった。今までに私は英語による研究論文の作り方について、二つの著書があるが、私自身が参考にすべきだと考えている文章の例に、これら二人のものは取り上げていない。

誰にも文章については好みがあり、これはいろいろと文章作法に対する修練を積んだあとでも、たぶんなくならないのである。

アメリカ英語とイギリス英語の違い

同じ英語であっても、アメリカとイギリスではことばの使い方が大きく異なる。

生まれて初めて書いた私の英文の著書（一九七四年出版）に引用されている研究論文ほかの文献の数は一〇〇〇篇を超えている。今に至るまでに、どれくらいの数の研究論文や著書を読んで研究したかとあらためて見返してみれば、膨大な数となることはまずまちがいない。

私には二〇〇篇に余る英語による研究論文と、単著・共著による六冊の英語による著書があるが、これらのほとんどすべてが、私が影響を受けた英文作法に基づいているので、アメリカ英語（最近では“American”という表現すらある）により作られている。私が得手としている英語は、イギリス英語（British English）とは違うのである。

このことと関係して、私にはこんな経験をした想い出がある、今から三〇年以上前になるのだが、ある研究結果について、短い論文を作り、イギリスの週刊科学誌「ネイチュア(NATURE)」に投稿した。

内容に対しては何の問題もなく、査読者（レフェリー）の評価も上々で、この論文は後に出版された（一九七七年九月二十九日号）。だが掲載に当たって、編集長から、私の英語がまずいので編集部で手を入れたものを校正の際に送るとの手紙が来た。

この時私が感じたのは、この科学誌がイギリスのものであったがために、私のアメリカ英語ではいけないのだということであった。

日本語による文章でもたぶん、文章表現の仕方は人によって違うはずであるから、私たち一人ひとりは、いろいろな人による文章をていねいに読み、研究することを通じて、自分に最もよいというか、適合した文章を見つけ、それに従った文章作法を、自分のものにすべきなのである。

万人すべてに共通に名文だと認められるようなものはないのだが、その際、忘れてはならないことは、自分の文章作法が、論理的になっていることと、「パラグラフ思考」に則《のっと》ったものでなければならないということである。

ここで私が取り上げ、以下に紹介するのは、〝私にとって〟よい文章なのであって、これらの文章が、この本を手にとられた方々にとって、参考となってくれれば有難いというのが、私の希望である。

(1) 福沢諭吉《ふくざわゆきち》『物理学の要用』から

まず取り上げるのは、福沢諭吉のもので、この人が私が専攻する物理学に対し、どのように見ているかを示した文章(その一部)である。

物理学とは、天然の原則にもとづき、物の性質を明らかにし、その働を察し、これを採ってもって人事の用に供するの学にして、おのずから他の学問に異なるところのものあり。たとえば今、経済学といい、商売学といい、等しく学の名あれども、今日の有様にては、経済商売の如き、未だまったく天然の原則によるものに非ず。いかんとなれば、経済商売に、自由の主義あり、保護の主義あり。そのもとづくところ、同じからずして、英国の学者が自由をもって理なりといえば、亜国（アメリカ）の人は保護をもって道《みち》なりといい、これを聞けば双方ともに道理あるが如し。されば、経済商売の道理は、英亜両国においてその趣《おもむき》を異にするものといわざるをえず。

物理はすなわち然らず。開闢《かいびゃく》の初より今日にいたるまで、世界古今、正《まさ》しく同一様にして変違あることとなし。神代の水も華氏の寒暖計二百十二度の熱に逢うて沸騰し、明治年間の水もまた、これに同じ。西洋の蒸気も東洋の蒸気も、その膨張の力は異ならず。亜米利加の人がモルヒネを多量に服して死すれば、日本人もまた、これを服して死すべし。これを物理の原則といい、この原則を究めて利用する、これを物理学という。人間万事この理に洩《も》るるものあるべからず。もしあるいは然《しか》らざるに似たる者は、未《いま》だ究理の不行届《ふゆきとどき》なるものと知るべし。（以下略）

以上に引用した一文は、一八八二年（明治十五年）三月二十二日の「時事新報」誌に掲載された社説で、物理学という学問の本質を、実にみごとに説明している。

実は福沢諭吉は、一八六八年（明治元年）に、『訓蒙 窮理図解』と題した物理学の入門書を著しており、その中で当時の物理学の状況をやさしく説明している。これはわが国に物理学という学問を紹介する初めての書物であった。

現在の理解から見たら誤りもあるが、これだけの内容からなる本を、幕末に著せたこと自体が、私には奇蹟にすら感じられる（この本の現代語訳と解説が、私の手により『福沢諭吉の「科學のススメ」』〈祥伝社、二〇〇五年〉と題して出版されている）。

先に引用した文章は、二つのパラグラフ（文節）からなっており、一つ目（一段落目に相当）は、物理学と呼ばれる学問がどういうものか、その指向する方向まで含めて考察している。

二つ目は、ここでは前半だけ引用しているが、物理学という学問の普遍性について述べ、この学問の内容は、万人共通に理解されるものであることを示している。最初のパラグラフ（文節）の内容を敷衍《ふえん》し、発展させたもので、これら二つのパラグラフ（文節）は、みごとに論理的なつながりを見せている。

福沢諭吉は、自分の書く文章について、「猿にもわかる」ことを意図しているのだと、別の文章で触れているが、平明で誰にでも理解できるわかりやすい内容の文章となるよう心掛けているのがわかる。

この人が物理学について、自伝や『福翁百話』とその続篇で触れているのは、わが国の人々が、この学問の持つ論理的な構造を正しく理解することが、論理的な思考力を養うのに不可欠だと考えていたからである。

今まで何回かこの本で触れたことだが、わが国では論理的な思考をさげすむような傾向が、今でも人々の間に見られること、またこの思考を苦手とする人が多いことを考え合わせると、明治初期に生きる人々と、現代に生きる人々との間で、思考様式がほとんど変わっていないことが窺《うかが》われる。

日本人は全体として、知的な理解力は昔も今も、世界の他の国々の人々に比べて、はるかにすぐれていると、かつてわが国を訪れた人々の多くに見られているのに、論理的な思考を苦手としているのは、わが国の知的風土、言い換えれば文化の様式と何らかの因果的な関係があることを推察させる。このことについては、次章で詳しく考察するつもりである。

(2) 夏目漱石《なつめそうせき》『学者と名誉』から

次に、夏目漱石の文章を一つ取り上げる。この人は小説以外にも、いろいろな評論に関わった文章を遺《のこ》している。彼の作品の大部分を私は今までに読んでいるが、ここでは短い評論文を取り上げることにする。

この文章は、「東京朝日新聞」の一九一一年(明治四十四年)七月十四日版に掲載された一文で、木村栄《きむらひさし》博士がZ項を発見したことに対し、日本学士院から表彰されたというニュースに関して書かれた。以下に、文章の前半を引用する。

木村項《きむらこう》の発見者木村《きむら》博士の名は驚くべき速力を以て旬日《じゅんじつ》を出ないうちに日本全国に広がった。博士の功績を表彰《ひょうしょう》した学士会院《がくしかいいん》とその表彰をあくまで緊張して報道する事を忘れなかった都下の各新聞は、久しぶりにといわんよりはむしろ初めて、純粋の科学者に対して、政客、軍人、及び実業家に譲らぬ注意を一般社会から要求した。

学問のためにも賀すべき事で、博士のためにも喜ばしき事に違《ちが》いない。けれども今より一カ月前に、この木村博士が何処に何をしているかを知っていたものは、全国を通じて僅か百人を出ぬ位であったろう。博士が忽然《こつぜん》と著名になったのは、今までまるで人の眼に触れないで経過した科学界という暗黒な人世《じんせい》の象面《しょうめん》に、一点急に輝やく場所が出来たと同じ事である。其所《そこ》が明るくなったのは仕合せである。しかし其所だけが明るくなったのは不都合である。

一般の社会は、つい二、三週間前まで博士の存在について全く神経を使わなかった。一般の社会は今日といえども科学という世界の存在については殆んど不関心《ふかんしん》に打ち過ぎつつある。彼らから見て闇《やみ》に等しい科学界が、一様の程度で彼らの眼に暗く映る間は、彼らが根柢《こんてい》ある人生の活力の或物に対して公平に無感覚であったと非難されるだけで済むが、いやしくもこの暗い中の一点が木村項の名で輝やき渡る以上、また他が依然として暗がりに静まり返る以上、彼らが今まで所有していた公平の無感覚は、俄然《がぜん》として不公平な感覚と変性《へんせい》しなければならない。これまではただ無知で済んでいたのである。それが急に不徳義に転換するのである。問題は単《ひとえ》に智愚を界《さかい》する理性一遍の墻《かき》を乗り超えて、道義の圏内《けんない》に落ち込んで来るのである。

木村項だけが炳《へい》として俗人の眸《ひとみ》を焼くに至った変化につれて、木村項の周囲にある暗黒面は依然として、木村項の知られざる前と同じように人からその存在を忘れられるならば、日本の科学は木村博士一人の科学で、他の物理学者、数学者、化学者、乃至《ないし》動植物学者に至っては、単位をすら充たす事の出来ない出来損《できそこ》ないでなければならない。貧弱なる日本ではあるが、余《よ》にはこれほどまでに愚図《ぐず》が揃《そろ》って科学を研究しているとは思えない。その方面の知識に疎《うと》い寡聞《かぶん》なる余の頭にさえ、この断見《だんけん》を否定すべき材料は充分あると思う。

（以下略）

木村栄博士が発見したZ項（木村項と呼ばれることもある）は、地球の自転に対する日本人科学者による観測結果が、いかに精密であったかを示す立派な業績であった。

その業績が、もしマス・メディアを通じて明らかにされることがなかったならば、天文学に関わったごく少数の研究者によって知られるだけで、一般の大衆に知られることはたぶんなく、そのままこの発見については、何年にもわたってなかったかのように推移したことであろう。

現在でも、科学者が上げた業績は、ノーベル賞のようによく知られた名誉に輝いた場合には、世の多くの人に知られることがあっても、それは一過性のもので、やがて忘れられてしまう。

木村博士の場合でも、マス・メディアで取り上げられた一時期だけ、多くの人々に知られたのであって、それも業績内容の理解にまで至ることなく表面的に過ぎ、意外と早く忘れられてしまったことであろう。このことについて漱石は批判的に見ているが、昔も今も、こうした事情に変わりはない。

ごく最近（二〇〇八年秋）の事例について触れれば、二〇〇八年度のノーベル物理学賞が、三人の日本人物理学者（一人はアメリカに帰化しており、日本人ではない）に、また化学賞が一人の日本人化学者に与えられたことが、マス・メディアにより大きく取り上げられた。

だが、それから半年ほどが過ぎ去った後で、はたしてどれだけの数の人が、これら四人の名前と業績について、記憶にとどめているであろうか。木村博士の場合も、似たような事情があったのではないかと、漱石の文面から推測されるのである。

こういった杞憂《きゆう》について、また科学研究における見えない面について、漱石はこの「学者と名誉」と題した文章の中で、批判的に痛切に論じている。ここでは最初の四つのパラグラフ（文節）を引用して示したが、この漱石の見解が、順を追って説得力を持って示されていることが、読む側に強い印象を与えるものとなっている。

福沢諭吉の場合には、文章が文語調で、私たちの言う現代文の様式とはなっていないが、夏目漱石の文章は、私たちが現在書きことばとして用いている形式とほとんど同じであるから、読みにくいことはない。

だが独特の言い回しがあって、すらすらと読み下すことに違和感を抱く向きがあるかもしれない。このことは、文章の形式が、時代とともに変わっていくことをいみじくも表わしているのである。

文章の形式だけでなく、ことば（言語）の体系には、完成したものがいつの時代にもあったわけではなく、この体系は言うなれば常に進化しつづけているのである。先に取り上げた二人の文章を見ることから、こうした歴史も読みとっていただきたいものである。

（３）鈴木孝夫《すずきたかお》『ことばと文化』から

三つ目に取り上げるのは、世界の言語に関する研究で名高い鈴木孝夫教授が著した『ことばと文化』（岩波新書、英訳本のタイトルは『Words in Context』）から、犬を中心とした話題に関する部分を取り上げる。

この本の五章は、「事実に意味を与える価値について」と題されており、同教授が経験した犬についての挿話からまず始まる。その後、少し脱線した内容が続くが、再び取り上げられるのは、小見出しに「日本と西洋における動物観」と題した項においてである。以下に引用するように、このパラグラフ（文節）は始まる。

たしかにイギリス人は犬を躾けることが上手である。私の家の前が英国大使館付海軍武官の公邸だということは前に書いたが、三年ごとに交替するどの家族も、必ず犬をつれてくる。もう七、八家族替ったと思うが、来る犬来る犬が実に見事と言う他ないほど行儀がよい。

家の中で不必要に吠え立てたり騒いだりすることがないどころか、主人と連れ立って散歩する時でも実におとなしい。よその犬と行会っても吠えもしなければ駆け寄ることもしない。主人の傍について前を見てただ黙々と歩いて行く、勿論引綱も鎖もなしである。

これに比べると日本人の犬は、こちらが恥ずかしくなるほど滅茶滅茶である。跳びかかったり、吠えたり、大きな犬の場合など主人が押えるのに苦労する。犬に引かれて、小走りになる人も多い。狭い道で、犬をつれた日本人同士が出会う時がこれまた面白い。小さな弱そうな犬をつれた人は、横道にそれたり、引返すことさえある。女の人などは、つれている小さな犬をかばって抱き上げ、足早に通りすぎて行くこともしばしばである。

イギリス人の手にかかると、犬は、シェパードでも、バセットでも、ダックスフント、テリア、セッターでも、まるで特別な種類の犬かと思うほど、静かに主人について行く。全く見事という他はない（アメリカ人はどうも犬の躾に関しては日本人に近いようだ。近所に何軒もあるどのアメリカ人の飼犬も、全くコントロールされていないため、こちらが犬をつれているときは、シェパードのいる家の前など、通るだけで一苦労する）。日本人はとにかく犬に甘い。犬にすっかり舐められている。イギリスで良く訓練された犬でも、日本に来て二、三年も日本人に飼われると、すっかり手におえなくなってしまう。

このような顕著な違いは一体何が原因なのだろうか。私の考えでは人間と動物の相互の位置づけが、イギリス人と日本人では全く異ることに起因していると思う。（傍点筆者。このあと、動物に対する見方が、日本人とイギリス人で、根本的に異なることを論証していく）

ここに引用した文章のパラグラフ（文節）を見て気づくことは、犬の行動様式が日本とイギリスとでどのように異なるかについて触れながら、日本人とイギリス人とで動物に対する見方が、いかに違うかを論証していくように、パラグラフ（文節）が配列されていることである。読み継いでいく中で、犬の扱い方の違いを通じて、日本とイギリスでは、動物に対する人々の見方に違いがあることを、鈴木教授がどのように解き明かしていくのかが、わかる。

この『ことばと文化』と題した本が出版されたのは、今から三〇年あまり前のことだが、これを読むことを通じて、ことばの持つ重要な機能に気づかされたことを、今でもはっきりと想い出すことができる。

この本が英訳され出版された時、どんなふうにパラグラフ（文節）が英訳版で配列されているか興味津々で読み、英訳版を作られた訳者の力量に驚いた。

先に引用した鈴木教授の文章の中に、「思う」という表現が三回使われていた。すべてが推測の意味に使われていると読めたのだが、もっと直接的な確定の意味を与える表現がなされていたらよかったなと感じた。大先輩の文章に対して、こんなことを書くのは不遜だと言われるかもしれないが、あえてひと言触れることにした。

(4) 寺田《てらだ》寅彦《とらひこ》『言語と道具』から

次に物理学者として名高いだけでなく、随筆家としても知られる寺田寅彦の文章をひとつ引用する。『言語と道具』と題した文章で、言語および道具の二つが科学の起源と発展とにいかに関わっているかにまで触れている。これだけ大きなテーマなのに、短い文章にまとめられているので、以下に全文を掲げる（出典は寺田寅彦『萬華鏡』〈岩波書店、一九四五年〉）。

人間というものが始めてこの世界に現出したのは何時頃《いつ》であったか分らないが、進化論に従えば、兎も角も猿のような動物から段々に変化して来たものであるらしい。しかしその進化の如何《いか》なる段階以後を人間と名づけてよいか、これも六《むつ》かしい問題であろう。ある人は言語の有無をもって人間と動物との区別の標識としたら宜《よ》いだろうと云《い》い、またある人は道具あるいは器具の使用の有無を準拠とするのが適当だろうという。私にはどちらが宜いか分らない。しかしこの言語と道具という二つのものを、人間の始原と結び付けると同様に、これを科学というものあるいは一般に「学」と名づけるものの始原と結び付けて考えてみるのも一種興味があると思う。

言語といえども、ある時代に急に一時に出来上がったものとは思われない。恐らく初めは唯《ただ》単純な叫声あるいはその連続であったものが、段々に複雑になって来たものに相違ない。あるいは自然界の雑多な音響を真似てそれをもってその発音源を代表させる符号として使ったり、あるいはある動作に伴う努力の結果として自然に発する音声をもってその動作を代表させた事もあろう。いずれにしても、こういう風にしてある定まった声が「言葉」として成立したという事は、もうそこに「学」というものの芽生えが出来た事を意味する。例えば吾人《ごじん》が今日云う意味での石という言葉が出来たとする。これは既に自然界の万象の中からあるものが選び出され抽象されて、一つのいわゆる「類概念」が構成された事を意味する。同様に石を切る、木を切るというような雑多な動作の中から共通なものが抽出されて、そこに「切る」という動詞が出来、また同様にして「堅い」というような形容詞が生れる。これらの言葉の内容は最早箇々の物件を離れて、それぞれ一つの「学」の種子になっている。

こういう事が出来るというのが、大きな不思議である。

一体これらの言葉あるいはそれに相当する抽象的な概念は自然その物に内存していて、吾々《われわれ》は唯自然の中からそれを掘り出しまた拾い出しさえすれば宜いものであろうか。それともまたこのようなものを作りあげるに必要な秩序や理法が人間の方に備わっているので、吾々は唯自己の内にある理法の鑑に映る限りにおいて自己以外と称するものを認めるのであろうか。これは六かしい問題である。そして科学者にとっても深く考えて見なければならない問題である。しかしここでこの問題に立入ろうというのではない。

兎も角も言語があるという事は知識の存在を予定する。そしてそれがある程度の普遍性をもつものでなければならない。そうでなければ、人々は口々に饒舌《しゃべ》っていても世界は癲狂院《てんきょういん》かバベルの塔のようなものである。

共通な言葉によって知識が交換され伝播《でんぱ》されそれぞれが多数の共有財産となる。そうして学問の資料が蓄積される。

このような知識は、それだけでは云わば唯物置の中に積み上げられたような状態にある。それが少数であるうちはそれでもよい。しかし数と量が増すにつれて整理が必要になる。その整理の第一歩は「分類」である。適当に仕切られた戸棚や引出しの中に選り分けられて、必要な場合に取り出し易いようにされる。このようにして記載的博物学の系統が芽を出し始める。

分類は精細にすればする程多岐になって、結局分類しないと同様になるべきはずのものである。しかしこの迷理を救うものは「方則」（筆者注・現在の用法では、法則）

である。皮相的には全く無関係な知識の間の隔壁が破れて二つのものが一つに包括される。かようにして凡《すべ》ての戸棚や引出しの仕切りをことごとく破ってしまうのが、物理科学の究極の目的である。隔壁が除かれても最早最初の混乱状態には帰らない。何となればそれは一つの整然たる有機的体系となるからである。

出来上がったものは結局「言葉の糸で綴られた知識の瓔珞《ようらく》」※であるとも云える。また「方則」はつまりあらゆる言語を煎じ詰めたエキスであると云われる。

道具を使うという事が、人間以外にもあるという人がある。蜘蛛《くも》の網を張ったり、ある種の土蜂が小石をもって地面をつき堅めるのがそれだという。しかしそれは智恵でするのではなくて本能であると云って反対する人がある。それはいずれにしても、器具というものの使用が人類の目立った標識の一つとなる事は疑いない事である。

そして科学の発達の歴史はある意味においてこの道具の発達の歴史である。

古い昔の天測器械や、ドルイドの石垣などは別として、本当の意味での物質科学の開け始めたのはフロレンスのアカデミーで寒暖計や晴雨計などが作られて以後と云って宜い。そして単に野生の木の実を拾うような「観測」の縄張りを破って、「実験」の広い田野をそういう道具で耕し始めてからの事である。唯の「人間の言語」だけであった昔の自然哲学は、これらの道具を掘り出した「自然自身の言語」によって内容の普遍性を増して行った。質だけを表わす言語に代って数を表わす言語の数が次第に増して行った。そうして今日の数理的な精密科学の方へ進んで来たのである。

言語と道具が人間にとって車の二つの輪のようなものであれば、科学にとってもやはりそうである。理論と実験——これが科学の言語と道具である。

※瓔珞：宝石などをつなげて編んだ飾りで、仏像の頭、首、胸などにつけるもの
（傍点筆者。仮名遣いは現行のものに準拠した）

この短い論考を読んでわかるのは、パラグラフとパラグラフの間が整然と分けられていて、その一つひとつがまとまった内容を表わしていることである。そして、それらをつなぐのに短文（これも、パラグラフ）を間に挟んで、パラグラフ間をスムーズに結び合わせている。見事というほかに言いようがない文章の配列である。

短い文章なのに、言語の起源とそれ以後の発展、この言語に関連した人々における知性の

発達から、ついには学問体系の形成に至るまでの人類史全体にまでわたる考察へと拡げている。これだけの見通しを、一九二〇年代初期に、寺田寅彦はすでに持っていた。

高エネルギー宇宙物理学方面の研究を中心にしてきた私は、この人が一九三三年にはすでに宇宙空間のどこかで生成される宇宙線と呼ばれる高エネルギー粒子に触れた随筆の中で、生命の進化とこれら粒子との可能な（possible）因果的関わりについて言及しているのを見た時、この人の学問に対する真摯《しんし》な姿勢と洞察力のすばらしさに目を瞠《みは》った。生命の進化に果たす宇宙線の役割について、現在多くの研究者が注目しているからである。

この人が遺した随筆は大変な数にのぼるが、それらが今も多くの人に読み継がれているのは、ここに引用したような文章をたくさん遺しているからにちがいない。

この文章では、寺田寅彦の主観的な見方や主張は、表に見えないようになっている。その結果、説得力のきわめて強いものとなっている。感情がこもった形容詞が全然使われていないことも、説得力を強めるように働いている。

最初のパラグラフ（文節）の末尾に「思う」が使われているが、これは英語の語彙にするならば、“think”に当たり、寺田寅彦の考えを直接表わしたと考えられるのである。次のパラグラフ（文節）に「思われない」という用法が出てくるが、これは推測に当たることが、読みながらはっきりとわかる。

「思う」「思います」という表現を使う場合は、このように、読んでみた時、用い方の意味がすぐにわかるようにしたいものである。このような用法から見て、この人はこのようなことも十分にすでにわきまえていたのかもしれないのである。

寺田寅彦は物理学者として有名なだけでなく、随筆の名手としても広く名前が知られている。人によっては、彼の物理学上の業績については全然知らず、随筆家だと見なしているかもしれない。

だが、彼の随筆は物理学者の透徹した視点とそこから導かれる明確な推理・推論に基づいているので、多くの読者を捉えて離さないのであろう。この人の随筆について、注意深く読むことを通じて、私たちは文章を書く上で注意すべき多くの示唆を与えられるのである。

自分にとっての名文とは

福沢諭吉、夏目漱石、鈴木孝夫、寺田寅彦と四人取り上げて、これらの人が書いたたくさんの文章から一つずつ紹介して、私にとっての名文、言い換えれば、すぐれた文章と考えられるものを示してみた。

正直に言えば、本当のところ、これらは私の好きな文章なのである。すでに触れているように、万人にとって名文だとされるようなものは実際には存在せず、どんなものが名文となるかは、読む人の側によって決まるのである。人によって文章の構成に対する好みが異なるからである。

先に挙げた四人の文章について、また彼らが書いた他の文章について、これらの文章の構成だけでなく、内容すら好きになれない、こんなのは駄文だと言う人もたぶんいるにちがいない。

私の場合で言うなら、彼らの文章を読みながら培《つちか》ってきた私の流儀が文章作法にあり、そこから抜けだすことができない。たくさんの文章を作ってきたという経験の中でこの流儀が出来上がってきたのだからである。

人間誰しも文章を作る時、特定の人に向けたのではなく、不特定多数の人に向けた場合であっても、内容の難易度、文章の構成における展開の順序、その他文章の作成に関わるいろいろなことがらに配慮しているにちがいない。そうした配慮なしには、文章を作ることは不可能なのである。

文章を作るという作業は、簡単なことではない。そのことを心して、どんな短い文章の場合でも構成における順序、結論へのアプローチの仕方ほか、整合性がとれるように考えていかなければならない。

先に引用した四人の文章について、書いた人の個性がそれぞれに出ていることが、こんなに短い文の中にも、十分に見てとれるはずである。この個性の発現がまた、読む側に立った人々に強く訴えかけてくることにもなる。文章を作るに当たっては、こうしたことにも、私たちは配慮すべきなのである。

山本周五郎《やまもとしゅうごろう》という作家の名前は、この本を手にされた多くの人に知られていることであろう。私の手許には、この人の全集があり、私自身もこの人の作品の多くを読んできているが、この人の文章について私がいつも感じたのは、晦渋《かいじゅう》というか読みにくいということであった。すらすらと頭に入っていくことになかなかならず、スムーズに読んでいけないのである。この感じは今も変わらない。

実は、この作家自身が、自分の書いた文章に対して、私と同じように感じられることを、気づいていて、こうした文章上の作風を変えるための努力をしていたのだという。彼が行なったのは、山手樹一郎《やまてきいちろう》の作品について研究することから、自分の作風をいかに変えたらよいか、そのための手掛かりを得ようという試みであったという。

山本周五郎のような作家でも、こんな努力をしているのである。私も山手樹一郎の短篇作品集はすべて読んでいるし、著作集も私の手許にあり、かなり読みこんでいる。

私の場合は、ただ単に面白いから読んだのだが、山本周五郎が山手樹一郎の文章について勉強していたということを知ってから以後は、山手樹一郎の作品の読み方が私自身も変わってしまった。

私の言いたいのは、自分の性向に合うと考えられる文章を見つけるには、私たちはいろいろな人の作品を読んで研究することにより、自分で見つけなければならないのだということである。

文章の構成や表現法には、最善（best）というものはなく、常に次善（better）のものしかないことを忘れないことが大切である。また十七世紀にあって、哲学者そして科学者として活躍したブレーズ・パスカル（B.Pascal）が、『パンセ』の中で述べているように、文章にはいろいろな書き方があるが、余計で無駄な用語の使用をやめることにより、より短く、より洗練された文章が作れるようになるのである。

この章で私が取り上げた四人による文章は、世に言う〝名文〟といわれるものではない、と言う人もいるかもしれないが、書かれている内容が誤解されることなく正しく、読む人に理解されるものだと、私は自信を持って言える。

内容が客観的、論理的に表現されているからである。ここに文を作るに当たっての極意があるのだと、私は見なしているのである。

繰り返すが、誰にとっても名文と言われるものなどないのだということを、私たちは忘れたくないものである。自分にとっての名文は、自分で見つけだすものなのである。

第6章　ことばが文化を育《はぐく》む

文化はことばの様式に関わる

長い歴史の中で、自分たちの周囲にあって目に見えるものすべてに、それぞれ固有の名称を与え、人間はそれらを区別するようになった。物に対するこうした名づけ方を記号化(symbolization)と呼ぶ。

さらに行動の様式や心の働き方など、事に関わることがらにも名称を与え、ここでも記号化が起こった。これにより、私たちは思考の様式まで対象化できるようになり、周囲に見られるあらゆる物事に対し、客観的な見方と、それに対する表現ができるようになった。抽象化して物事を自分から引き離して、客観的に見られるようになった。

ことばの多種多様な表現の仕方が、社会を構成する人々の共有となり、それらが遺産として社会の中で受け継がれるようになった。伝統という概念が創造されたのである。この共有された遺産が、固有の文化を生みだした。その際、その文化の背景にはそれを支えることば(言語)の体系があった。

ことば(言語)の体系は、その成長過程を通じて、文化の創造と因果的に密接に関わっている。このことは先に見たように、文化がことば(言語)の体系の発展と密接に関係しながら形成の歴史を刻んできたことから、容易に納得しうることであろう。

私たち日本人は日本語を母語としており、この言語の体系に基づいて、大は世界ほか国家全体に関わったことがらから、小は自分自身の内奥《ないおう》に関わることがらまでのすべてを、この母語により表現することが可能となっている。

未知のことがらに出会った時には、それが具象のものであれ、抽象的なものであれ、すべてを新たに記号化してしまい、私たちの描く概念構成の中に取りこんでしまう。これはことば（言語）の体系に内在する発展への機動力であり、これがことば（言語）の体系の進化なのである。このような体系が作れたからこそ、学問と呼ばれる知の体系が創造できたのであった。

現代科学の発展が、次々に新しい科学用語を発明しながら（記号化）、加速度的になされていっているのも、こうしたことば（言語）の体系に記号化という行き方が内在しているからに他ならない。記号化により、新しい科学用語を次々と作りだしながら、ことば（言語）の体系が豊かに、複雑になっていく過程を眺めることを通じて、私たちが理解するのは、この体系が発展していくという事実である。ことば（言語）の体系には、このように無限に発展していく可能性がある。この体系の発展と文化、さらに文明のそれとの間には密接な関わりがある。

時代をだいぶさかのぼるが、イエール大学で言語学の研究に従事していたエドワード・サピア（E.Sapir）とその弟子といってよいベンジャミン・ウォーフ（B.Whorf）は、言語と文化との関わりについても研究し、ひとつの仮説に到達したのであった。

それは、ことば（言語）の体系は、それを使用する人々の思考様式に強く影響し、この様式を逆に規定するように作用する。また逆に、この思考様式がことば（言語）の体系に影響を及ぼし返す、というものである。

人々の思考様式は、これらの人々が共有する文化の形を規定するように働くから、文化とことば（言語）の体系は相互に影響を及ぼし合いながら、時代とともに変わっていくことになる。

サピアとウォーフが最初に提唱したという理由から、この相互影響についての仮説は現在〝サピア・ウォーフの仮説〟と呼ばれている。仮説（hypothesis）と呼ばれているが、理論（theory）としたほうが、本質的には正しいと、私は見ている。なぜかというと、この仮説の正しさが、現在では立証されていると言ってよいからである。

文化の様式と、この文化を共有する人々の間で使用されることば（言語）の体系との間に、密接な関わりがあるという指摘は、私たちが共有する日本の文化について考えてみる時にも、大きな示唆を与えるものだと、私には見える。

実際、日本語の構成や形式は、外国語の持つ剛性とは、大きく性格を異にする。日本語には、このような剛性はなく、世界の言語の中でも稀有と言ってよいほどに穏やかな体系となっている。

そのうえで、日本語文にはたくさんの助詞が使われ、これにより、話しことば、書きことばともに、非常に穏やかな抑揚の少ないことば（言語）の世界を創造した。このようなことば（言語）の体系が、私たち日本人が共有する日本文化の様式を生みだすのに因果的に関わった。その結果、世界にも稀な闘争的でない穏やかな言語体系が出来上がった。

そのうえでさらに、この傾向を助長しているのが、例えば、ディベート（対論）について見ると、相手となった人の身になって考える、言い換えれば、〝慮《おもんぱか》る〟という接し方である。そこでは人と人との間に精神的な緊張を生みださないようにしようとの配慮がある。

しかしながら、こうした行き方は、現在では、ほとんど失われてしまったように感じられる。相手の身になっていろいろと配慮するという態度に立てば、相手を説得しようとする動機が生じないからであろうか。

日本語の語法と日本人が伝統的に培ってきた文化とは、ともに密接な関わりの下に発展してきた。この文化の中で生まれ育ってきた私たち日本人は、性格的に見て闘争的でなく、穏やかなものとなった。

日本人がディベートが得意でないと言われるのは、日本語の基本的な性格が強く影響しているためであると、アメリカでの自分の経験から、私は考えている。

だからこそ、前に指摘したように、ことば（言語）の体系を論理的に説得力を持って使えるように、私たちは自分を訓練しなければならないのである。

「日本」は固有の文明である

私たちは誰でも、自分の考えや意志、あるいは意見など、どんなに些細《ささい》なことでも、他人や人々からなる何らかの組織や集合体に向かって表明するには、ことば（言語）を用いなければならない。

書きことばか話しことばのどちらも用いないでは、何の情報も自分から外部に向かって発信し、それを伝えることはできない。その際、どんな形のものであっても、自分の心から外部へ向けて発信する場合には、それらについて十分に考えて、詳しく検討し、誤解を招くことがないように工夫しなければならない。

ことばの発明は、人間が集団的な生活を可能とする社会を作りだした過程と、因果的に関わっているだろう。この発明により、生活様式を律する文化（culture）が形成され、この文化の発展は人間の大集団が一つの文化の様式に従うよう強制することから、文明（civilization）と私たちが呼ぶ形式を生みだした。

私たち日本人は、日本語という言語の体系によりかかって生き、その中で固有の文化を生みだし、そこから世界にも稀な文明の形式を生みだしている。この文明は『文明の衝突』（The Crush of Civilizations and the Remaking of World Order、一九九六）と題した本で有名なサミュエル・ハンチントン（S.Huntington）によれば、世界に現存する八大文明の一つに位置づけられるほどに、ユニークなものである。

近年、世界でも珍しい独特のこのような文化に培われた日本の文明が、アメリカに端を発した国際金融資本主義、言い換えれば、グローバル資本主義と時に呼ばれる世界的な潮流の渦に巻きこまれて、失われていきつつあるように見えるのが、私には残念でならない。

日本の文明は、ハンチントンの言う世界の八大文明の中では、たった一国で担っているものだから、規模はきわめて小さい。しかし、人々の立居振舞《たちいふるま》いが独特の人間的な温かさに溢れたものであったし、現在もそうであることは、ハンチントンが高く評価しているところである。

言語の様式が文化のそれと密接不離の関係にあるという〝サピア・ウォーフの仮説〟の正しかったことがほぼ確実になった今日、グローバル資本主義とそれを支えた新自由主義の台頭に、私たちの持つ文明が根底から揺るがされているのを、私たちの力で何としても抑えなければならない。

このいわゆる新自由主義は、人間的規律によって規制されない自由、つまり英単語の“freedom”に当たるもので、社会的規律の中での自由、つまり“liberty”に立脚したものではない。

後者（liberty）の自由は社会的な規制・規律の下での自由なのである。前者の“freedom”のように、勝手気儘《きまま》に振舞う自由を規制しつつ、社会を維持するための倫理規範の制約の下の自由（liberty）が第二次世界大戦に敗れるまで、日本人の心の中にはあった。

ところが、〝構造改革なくして成長なし〟という標語に踊らされ、アメリカに端を発した世界的な（グローバル）金融資本主義の潮流にのめりこみ、日本人が培ってきた文明の伝統が破壊されようとしている。それとともに、この文明の礎《いしずえ》となる文化を育んだことば（言語）の体系すら変質しようとしているのは、大変に残念なことである。

ことば（言語）の体系が、文化の様式と密接に因果的にかかわっているのだとしたら、私たちの思考様式や生き様も、ことば遣いの有り様から離れたものではありえない。だとしたら、先に見たような世界の動向の中で、日本語自体もまた変わっていくことになるのであろうか。

このことは、日本人が日本人としての存在確認（アイデンティティ、identity）まで失うことに通じる。こんな時代が来るのだとしたら恐ろしいことである。

ことば遣いの違いが人の行動を規定する

言い表わし方、つまり表現形式から見ると、日本語は構文の形式が大変に自由で、英語その他の外国語に見られるような剛性（rigidity）を持たない。

英語の場合を取り上げると、すでに指摘したように、〝S＋V＋O＋C〟という主語が先頭にくる形式の構文が、平叙文に対しては貫徹している。S、V、OそれにCは、この順に主語、述語（動詞）、目的語、そして補語の略記号である。

最も簡単な文はS＋Vだが、このような用法は稀である。またSとOとは同格で、その意味する内容は等号で結ばれる。例えば、“I am a student.”で“I”と“student”が同格であることが、ただちにわかるはずである。この、先に見た構文は表現されることがらが、断定的、必然的になるので、命題文であるといってよい。

単語の並べ方の順序が、英語文と日本語文とでは違っているが、日本語の場合でも、命題文は当然作れ、どちらの言語体系でも、論理的に見て正しい文章が作れる。ただ日本語の場合には、主語に当たるものが自明である場合には、省略される場合が多いというだけである。

日本語に際立った特徴は、テニヲハと俗称される助詞があることだ。例えば「私は学生です」という文章では、主語は当然「私」。その私が「学生」であることが表現されているのだが、「は」という助詞が入っている。

英語文では先に挙げた例の "I am a student." に、助詞「は」に当たるものはない。この「は」があることによって、文も、これを声で聞く場合も、穏やかに感じられるものとなる。英語の場合は「私（I）」「である（am）」、次いで数詞の（a）、そのあとで「学生（student）」となる。

近頃、日本語の使い方について、小中学校で正しく教えられないことと、家庭にあっても会話に使われる語彙の数が貧しくなったことにより、子供たちの助詞の使い方が下手になってきていると言われる。そのせいか、ことば遣いがぶっきらぼうになって、棘《とげ》を含んだものとなってきていると、時折指摘される。ことば遣いから穏やかさが消えてきているというのである。そのためか、ことば遣いがトゲトゲしく感じられるようになってきている。

話し方も書き方についても手本となるものを示され、それらについて教えられることを通じて、私たちはことばに対する正しい表現の仕方ができるようになっていく。生まれつき、このような能力が備わっている人など、一人もいないのである。

ことば遣いが正しくできれば、それに裏打ちされた行動を正しくとれるようになるのだから、ことばの使い方について、私たちは小さい頃から学んでいかなければならない。ことば遣いによって、私たちの思考様式まで違ってきてしまうのだから、ことば（言語）の体系について、話しことば、書きことばの両者を正しく使用できるように学ぶことは、私たちの心の成長のためにも、絶対必要なのである。

このように言うのは、私たちのすべてが、ことば（言語）の体系によって初めて、物事について考えることが可能だからである。ことば（言語）の体系を用いることなしに思考することは不可能なのである。

特に、内言語（I言語）系を使用するに当たっては、内省を経て使用していけるのだから、まずは母語であることば（言語）の体系を、私たち一人ひとりが自由に使えるようになるための修練を積まなければならない。

そのようにできれば、言語の使い方がぶっきらぼうになったり、精神的に不安定でゆとりがなくなり、すぐに〝キレル〟といった事態が生じることはないはずなのである。このような因果的な関わりから推測されることは、ことば遣いによって、当の人の行動の様式さえ変わってくるということである。

ことば遣いの様式によって、当の人間の資質がわかるとか、明らかになるとしばしば言われるのは、そこにその人の発想の豊かさや教養が滲《にじ》みでるからである。英語の単語である“culture”が教養と文化と、二つの意味を併せ持つことは意味深長である。ことば遣いに見られる洗練された表現は、当事者の品格まで映しだす。人が行動を決断するに当たっても、その品格により、行き方は当然異なる。

ことば（言語）はそれを表現に移すに当たって、その品格が反映するから、私たち一人ひとりは、母語を正しく論理的かつ客観的に、そのうえで説得力を持って使えるように、努力を重ねながら学んでいかなければならない。ことば遣いの相違が、人が決断したり、それを行動に移したりする場合に、大きく影響するからである。

思考力の低下は言語力の低下から

物事について思考をめぐらす時、私たちはことば（言語）の体系を頼りにしてすすめる。このことについては、各自の経験から、否定する人は一人もいないことであろう。

では思考をすすめるのに、私たちが利用することばは、どのようにして獲得されたのかというと、基本的には私たち一人ひとりの経験に基づいている。幼児の段階では、ことば（言語）の持つ意味を身体で学習し、正しい使い方が次第にできるようになっていく。

このように、ことば（言語）の学習は、最も基本的なところで、各人それぞれの経験が物を言う。もちろんことば遣いが学習できる能力が生得的に私たちに備わっているから、経験が生きるのである。

この経験は、各人が持つ脳に対する一種の刺激であり、この刺激により言語中枢が活性化され、いろいろなことば、言い換えれば、語彙が蓄積されていき、徐々にこれらの語彙をつらねていくことによる思考のすすめ方ができるようになっていく。

その際、このすすめ方の学習に当たっては、同様の状況に繰り返して出会うことが重要で、こうした反復した経験が思考力の発達を助けることになる。このような経験を生かすように働く脳内にあるミラー・ニューロンの働きについては、前に触れたことがある。

幼児の段階にあって、何らかの理由により、脳内に存在する言語中枢に対し、ことばの流入による活性化がなされなかったりすると、ついには物事に関して、自分から話すことができない人間となってしまうことになる。脳内にある言語中枢の活性化により、私たちは自分の言語能力、特に思考の能力と、それを外部に向かって発信する能力が獲得されるのである。

言語を操る能力が発達せずに置き去りにされたままになると、必然的に思考力が低下することになってしまう。思考力が低下すれば、ことば（言語）の体系を系統的に論理的に展開できるように工夫することもできなくなる。

したがって、他人に向かって自分の考えや意見などあらゆることがらに対し、客観的に説得力ある表現をするための能力が欠けたままに放置されることになる。その結果、話しことば、書きことばの両者に対し、配慮の行き届いた表現ができないことになってしまう。

今時の若者たちの日本語が乱れていて、大変にぶっきらぼうな話し方をする傾向があると言われるのは、もしかしたらこれらの若者たちは小さい頃を通じて、自分たちが脳内に持つ言語中枢を刺激し、活性化することにより、思考力の発達を促す機会にあまり恵まれなかったのではないかという懸念がある。

ことば（言語）の体系が十分に開発されていない場合には、人生において直面する多種多様で、かつ予想しえないような事態に対し、対処しえないような状況が生じるのは避けられない。また話しことば、書きことばの両者に対する能力が十分に開発されず、置き去りにされていれば、自分の感情すら制御できず、情緒に不安定さを醸成することにもなりかねない。

特に、現在のように、携帯電話やコンピューターによるメールのやりとりが、ほとんど自由に行なわれるような時代では、これらのメールで語られることの大部分は外言語（E言語）系の体系からなるものなので、話しことば、書きことばともにますます情緒的なものとなり、時には感情が暴発するような事態さえ生じる危険性がある。

小学生や中学生によるメールを利用した陰湿ないやがらせやいじめによる殺傷事件が報じられるのを聞くと、こうした感情の暴発が実際に起こっていることを、いやでも知らされることになる。

人間が理性的に振舞えるようになるには、言語の体系に対しては言語力、言い換えれば内言語（I言語）系の開発が重要である。そうして、この言語体系が駆使できるようになっていれば、私たちは感情に先走った情緒的な発言や、それによって引き起こされる暴発的な行動も抑制されることになる。

このような能力が養成される機会は自動的に訪れることはないので、特に高等教育の段階では、その開発を考慮した手段を講じることが要請される。

先年といってもすでに三〇年あまり前のことになるのだが、アメリカのＮＡＳＡで研究生活を送っていた頃、近くにあるメリーランド大学で行なわれていた内言語（Ｉ言語）系に対する能力開発に関わる演習（Speech Classといった）を何回か聴講する機会に恵まれた。

この演習では、例えばある一つのテーマをめぐって、指名された学生が、担当の教授を含め、出席していた学生たちに向かって、論理的に筋道立てて、客観的に話すことが要求された。

指名された当の学生は、自分が練ってきた構想について、話しことばにして、教室にいる人たちに対し発表するのだが、主宰している教授から論理の飛躍、途切れほか、いろいろなことがらについて、一つひとつ厳しく指摘された。そうしてその都度、表現の仕方や内容を改めていった。このような修練を経て、学生たちは自分の思考力の養成に努めていたのであった。

ひるがえってわが国の現状を見ると、メリーランド大学で見たようなこうした教育は、日本の大学ではほとんどなされていない。そのため、話しことばにしても、書きことばにしても、客観性を重視して、論理的に順序立てて話したり書いたりする能力が開発されないままに過ぎてしまう。

すでに触れたことだが、日本人の思考の論理は渦巻き型で、論理の筋道がどこにあるのかわからないといった指摘がなされている。こうした欠陥が、講演の上でも、また文章の上でも、出てしまうからにちがいない。

私たち一人ひとりにはすべて、内言語（Ｉ言語）系の体系を学習し、それを駆使できる潜在的な能力が、脳内の言語中枢に、生得的なものとして備わっている。その能力を開発せずに、中途半端にしてしまうのはもったいないだけでなく、人間としてその持てる能力を放置して顧みないことに通じる。

これは人間性に対する冒瀆《ぼうとく》なのであるから、この能力の開発を十分になされるようにすすめられる教育に対する努力がなされなければならない。わが国の未来の発展のためにも、この能力の開発を放置することは許されることではない。

科学は一つである

今までに取材でインタビューを受けた際、ほとんどの場合にたずねられたのは、私の専門分野が何かということであった。

自分から言うのもおかしいと感じられるのだが、現在最も力を入れて研究している高エネルギー宇宙物理学に関わった分野が、私がずっと研究してきた分野というわけではない。

それゆえ「ご専門は……」とたずねられた時には、「ただいまの専門(present specialty)は宇宙線(cosmic rays)研究に関わった高エネルギー宇宙物理学です……」と、今は答えることにしている。

三〇年あまり前のことになるが、NASAで働いていた時に、同じ質問を受けたとしたら、専門は太陽物理学、それも太陽活動に関わった高エネルギー現象の研究が中心だと答えたにちがいない。

先に「ただいまの専門」という言い方をしたが、この言い表わし方については、文化に関わった衝撃(cultural shock)といってよいような精神的に強い衝撃を受けたことがある。

一九六八年六月半ばに、NASAゴダード宇宙飛行センター(NASA、GSFCと略称)に上級研究員(senior research associate)として招かれ、私は着任した。二カ月あまり過ぎたこの年の九月初めに、ゴダード・コロキウムの秋のシリーズが始まった。

毎週金曜日の午後四時から、このコロキウムは開かれるのだが、この年の最初の講演者はフランク・ドレイク（F.Drake）で、題目は〝パルサー（Pulsars）〟であった。

当時彼はプエルトリコのアレシーボにある世界最大の直径三〇〇メートルの球面型電波望遠鏡を駆使して、いろいろなパルサーに対する電波観測を指揮していた。その年の二月に発見を報じた論文が出たばかりの新しくホットなトピックが、パルサーと呼ばれることになった天体現象であった。

午後三時半過ぎ頃だったろうか、同室にあって宇宙線の変調効果（modulation effect）について研究していた、インド生まれのスーシル・チャンドラ（S.Chandra）博士から、「コロキウムに行こう」と声をかけられた。

それに対し私は、「私の専門ではないから、行かない」と返事をし、続けて「あなたの専門でもないのに、どうして聴きに行くのか」と彼にたずねた。

この質問に彼は、

「現在研究している分野は、ただいまの研究分野、つまり、今の専門（present specialty）であと一〇年もしたら、自分の研究分野はたぶん別のものとなっているだろう。同じ一つの分野が研究面で最前線（frontier）でありつづけるのは、せいぜい一〇年なのだ。最前線で研究し、何らかの仕事をし、研究の進歩に寄与する。これがなすべき義務（responsibility）なのだ」

と、強い口調で言われたのであった。

それでもまだブツブツと口答えをした私に彼が言い放ったのは、"Science is unity." という一言であった。字義通りに訳せば、「科学は一つなのだ」というのである。

この時まで、このような表現を誰からも聞かされたことがなかった。アメリカへ出かける前、日本で当然のこととされていたのは、専門とは一つの分野に関わったものでなければならず、それを脇目も振らずに守り通すことだということだった。だから私は驚いた。

結局彼と一緒にコロキウムに出かけ、ドレイクの講演を聴いた。このことがきっかけとなって、宇宙物理学や太陽物理学に関係した分野だけでなく、どんな領域に関わったことがらでも、自分にわからなかったり、疑問となったりしたことがらについて、私は一生懸命に勉強しはじめたのであった。

研究職だったので、時間はたっぷりあり、そのうえ、上級職だったこともあり、何の制約もなく、自分の関心に従って、どんな分野についても勉強できたし、研究仲間にも事欠かなかった。

幸いにして、太陽面上の高エネルギー現象、太陽宇宙線、太陽電波、木星電波と木星周囲に形成される磁気圏の構造、磁気を帯びた星の回転と対流安定性、高エネルギー電子からのシンクロトロン放射機構とそれに対するプラズマ効果ほか、いろいろな分野について、数多くの研究論文を「ネイチュア（NATURE）」をはじめとして、いろいろな国際的な研究誌に発表することができた。

これらの仕事に加えて、四三八ページにもなる英文の専門書『Physics of Solar Cosmic Rays』（一九七四年）も出版することができた。

一九九五年夏、ドイツのハンブルクで開かれた宇宙空間研究連絡会議（COSPAR）という国際会議に私は出席したのだが、会議中、久し振りにチャンドラ博士と出会った。彼もこの会議に出席していたのである。

いろいろと昔の想い出など語りあったあと、ところでどんなことを今研究しているのかということに話題が及んだ。

彼は、宇宙線の変調効果に関する研究からすでに離れていて、オゾン層の研究に従事していた。私が宇宙線の起源に関わった研究をしていることを話し、二人とも以前とまったく異なる分野について研究していると面白がったのを、私は今でも忘れていない。

専門分野にこだわるから日本では境界領域が発展しない

ほぼ八年にわたるNASAを中心としたアメリカでの研究生活のあと、私は日本に戻ってきた。当時、宇宙科学研究所の所長をされていた西村純先生に、帰国に際してお骨折りいただいたこともあり、帰国のあいさつに相模原《さがみはら》市にある研究所を訪ねたのだった。

その時、西村先生が言われたことは、ここは日本なのだから、私の専門分野を決めておこうということであった。そうでないと、マス・メディアなどからの信用が得られないからというのであった。

先生は、いろいろな分野において、私が研究してきたことを承知されており、それが私のその後の履歴に何らかの支障となることがないようにと配慮されてのことであった。これは私の推測である。

先生も多方面にわたる研究をなされてきた方であることを承知しており、尊敬しているのだが、いたずら心も手伝って「ところで、先生のご専門はどんな分野ということになっているのですか」と私はたずねた。先生は「宇宙線物理学ということになっているよ」と言われたので、私は、「先生決めました。宇宙線物理学ということにします」と答えたのである。

こんなことがあってから以後、何かのメディアに寄稿したり、インタビューの折などには、私の専門分野は宇宙線物理学ということになった。現在では、宇宙線研究をも包含する高エネルギー宇宙物理学を、私の専門分野ということにしている。

しかしながら、この分野に自らを閉じこめることなく、太陽物理学に関わったこと、地球磁気圏物理学上の問題、気候温暖化と太陽活動との関連性、星間物質の物理学などの分野に、今も手を出し、研究を続けている。一度広がってしまった関心を消し去ることはできないのだと、つくづく感じているこの頃である。

先に、日本では専門分野が明確でないと、マス・メディアのような媒体から信用が得られないと言ったが、いろいろな分野を渡り歩いて研究していく人間をさげすんで、〝雑学者〟という言い方さえある。帰国以後、何回かこのように言われた経験が私にはある。

しかしながら、私は問いたい。専門分野を狭く一つに限ることが、そんなに人間として大事なことなのかと。私に向かって雑学者だと言った人たちに、その理由を聞いてみたいものである。

専門分野を一つに限るということになれば、その分野のことだけについて勉強したり、あるいは研究したりすればよいのだから、精神を集中して熱心に研究を続けていけば、その分野の蘊奥《うんのう》を究めることができそうである。実際に、そのような人もあることであろう。だが、このような人は稀な存在ではないかという疑問が、私にはある。

わが国にあっては、学問研究者の大部分は国公私立の大学か、国や企業の研究所に職を得ているものと推測される。これらの人々の中で、大学で働く人々は、それぞれが自分が専門とする分野に関わる講義や演習を担当しているはずである。

京都大学理学部に学生として、私が学んでいた当時、○○教授は××課目の講義担当、△△教授は□□課目とその演習担当といった形となっており、教員たちの担当課目が変わることなく、ずっと同じであった。担当する講義・課目は在任中ずっと同じで、定年で退職に至るまで変わることがなかった。

例えば、法学部なら日本国憲法は誰、国際法は何某、商法は誰、刑法は彼というふうに、担当者には特定の名前が冠せられていて、構成員に出入りがないかぎり、同じ人間がずっと担当するのが当然とされてきたし、現在でもそうである。

ところで、アメリカの大学ではどうかと言うと、たいていの場合、二年か三年すると担当する講義課目に異動があり、教員たちのすべては、それぞれがそれまでのものと違う講義課目を担当することになる。講義課目は、初等的なものから、専門課程に関わる課目、大学院レベルのもの、また特殊課目と、いろいろと難易度の異なるものを、二、三年ごとに担当していくことになる。

こうした行き方について、アメリカとオーストラリアの大学で、教授を務める友人二人に、「大変ではないか」とたずねた私に、返ってきたことばは、「このようにしたほうが、いろいろの分野について勉強でき、研究できる分野が広げられるようになるからいいのだ」というものであった。

彼らが自分の専門ということに固執しないのは、自分の研究に対する資質の向上と開発まで視野に入れているからなのである。わが国にあっては、こうした考え方は教授たちの中には全然ないようである。

さらに付け加えるならば、わが国には、〝他人の城は侵さない〟という美徳（？）がある。自分以外の人たちが研究しているそれぞれの研究分野に介入し、競争相手となるようなことはしないという暗黙の了解が、教員たち、また研究者たちの間にある。

したがって、他人の目を意識したり、自分の研究が他人の介入により邪魔されたりするといったような事態が起こる可能性について、全然考慮する必要がない。このような研究環境の中で起こる可能性があることは、自分の狭い専門分野に閉じこもり、排他的になっていれば、これほど楽なことはないという空気の醸成である。

だから、研究分野を狭く限って、一心不乱に研究をすすめれば、研究業績は上がるだろうが、多くの人には実行不可能で、たいていは小さな殻に閉じこもり、怠けるようになる。誰一人として競争に介入してこないのだから、のんびりと日を過ごしても、誰からも批判されないし、指弾を受けることもない。批判されたりするようなことが生じた場合には、専門分野が異なっているのだから、ちゃんとやっているのだと、批判をかわすことさえできる。

こんなことでは、研究面において、アメリカほかの国々の研究者たちとの競争に打ち勝っていくことに期待を寄せるほうが、まちがっているということになる。

研究分野について、自分が専門とする狭い領域に限ってしまえば、学問全体に対する視野が狭くなるし、そこから外へ出ていかないのだから、研究における境界領域が発展していくはずもない。

わが国では、研究者の一人ひとりが、まるでタコツボか何かに収まっているかのように、その中に閉じこもり、そこから出て行くことをしない。これでは境界領域に関する研究の発展を期待するほうが、無理だということになろう。

どんな分野であっても、学問の研究における新たな発展が導かれるのは、境界領域の研究にあると言われるのに、この方面の研究に入っていく人がいないのでは、研究面で飛躍的な進展につながる成果が生みだされるのを期待するほうが無理なのである。〝雑学者〟という他人を誹謗《ひぼう》するような言い方を、いったい誰が作りだしたのであろうか。

本当の国際化とは何か

現在、私が研究している学問分野は物理学の中のごく狭い領域で、宇宙物理学と呼ばれる学問の一部に関わっている。

私が今最も力を入れているのは、高エネルギー宇宙物理学の分野で、宇宙線（cosmic rays）と呼ばれる高エネルギー粒子が因果的に関わる、ガンマ線ほかの電磁エネルギー放射を含む、これらの生成機構を明らかにしようという目的を持つ。

若い頃から研究を続けてきている分野は、太陽面上で起こる高エネルギー現象と、太陽の内部構造、特に熱核融合反応に関わって生じる〝太陽ニュートリノ問題〟とに関わっている。

今挙げたこれらの研究分野は、当然のことだが、国際的に開かれており、国籍や人種、年齢ほか個人の資質など一切に関わりなく、研究に参入できるし、研究における緊急課題のすべてが、関心を持つすべての人に開かれている。

物理学のほか、数学も含めてすべての自然科学の領域や、工学に関わった研究領域は、国際的に開かれており、世界各国の研究者が国際的な競争の場で研究に凌《しの》ぎを削っている。自然科学や工学に関わる分野の研究では、私も含め、常に国際化の波に曝されているのである。

いろいろな視点からすでに指摘してきているように、日本語は世界の中で稀な言語の体系に立っており、その中心をなすのが非常に穏やかな表現形式で、この形式を日本語の体系は構造的に持っているという事実である。

江戸時代末期から明治初年にわたる期間に、日本を訪ね、滞在した外国の外交官や使者たちが口を揃えて言っているのは、日本人同士の間の会話に感じられる優美さである。その穏やかな口調に感嘆するというよりは、はっきりと驚嘆の声である。

このように優美に聞こえるのは、日本語の構文の形式が、英語、中国語ほかのほとんどすべての外国語のものと、根本的に異なっているからである。

例えば、英語や中国語では、単語を次々と並べるだけでその間をつなぐのは聞き手の理解力であり、この能力に強く依存している。日本語の場合には、助詞を豊富に使うことにより、単語と単語の間のつながりが、スムーズに穏やかになるので、大声で話したり、性急に語ったりする必要がなくなっているのである。

〝サピア・ウォーフの仮説〟について触れた時に述べたように、ことば（言語）の体系と文化の様式との間には、両者が相互に滲透《しんとう》しつつ影響しあうという因果的な関係がある。それゆえ、日本語を母語とする私たちが持つ文化、つまり日本文化の様式や特性も闘争的でなく、穏やかなものとなっているはずなのである。もしそうだとすると、日本語の体系は、ディベートのような闘争的な対論には不向きなのだということになる。

そうであるとしたら、ことば（言語）の体系に見られる相違に十分に注意して、他国の言語の体系を研究し、そこから敷衍《ふえん》される文化の相違まで考慮しつつ、外国の人たちとの交渉に臨む必要が出てくることになる。

そのうえで、国家間の付き合いについて、考慮していくべきなのだということになる。現在の世界情勢を見ると、アメリカ式の金融資本主義が国際的な標準（global standard）とされている時代となっているが、自国の持つ文化の様式が、それにより打撃を受けないように努めるのが、為政者のなすべき義務なのだということになる。

ところが、この時代の動きに呼応するかのように、アメリカの行き方に同調し、わが国に「構造改革なくして成長なし」といった風潮を生みだしたのが、小泉《こいずみ》・竹中《たけなか》路線の下での国家構造に対する変革の動きであった。

その結果、わが国の内部で、どんな事態が生じたかについては、日本国民の多くが経験しているはずである。これにより、先に述べた路線が、わが国が育ててきた固有の文化的風土に適合しないことが、ようやく多くの人々に理解されるようになった。

太古の縄文の時代から、日本人が築いてきた文化的な基盤は、こうした闘争的なアメリカ式の金融資本主義を背景に世界を巻き込んでやまない自由（freedom）を標榜《ひょうぼう》するような様式とはまったく異質のものである。

わが国が一つの固有の文明を有する国としてユニークなものであったとしたら、この国家にあって政治や経済に携わる人々の持つ考え方や生きる態度、あるいは周囲の環境に対する見方が、アメリカやイギリス、あるいはヨーロッパ諸国、さらには中国やロシアの人々とのそれらと異なっており、一致しないのは当然のことなのである。

したがって、わが国が国際化という掛け声に乗せられて、外交交渉や貿易、その他の、文化面における接触ほかで、いろいろと齟齬《そご》を来《きた》したり、相互理解が滞《とどこお》ったりといった事態が生じるのは避けられない。

こうしたことがらに対する処置の仕方を十分にわきまえたうえで、私たちは外国の人たちとの交渉や交流をするよう工夫しなければならない。正しい相互理解が、国際化にあっては、ぜひなされなければならないからである。

ことば（言語）の体系は、そのことばを母語とする人々の文化の様式を規定するし、そのような中で生まれてきた文化の様式は人々の使うことばの上に反映されるのである。

したがって、言語の文法的な性格や型通りの文章の形式を、ただ単に異国語に字義通りに移し換えるだけでは、文化が内在的に持つ深い意味を伝えることはできない。文化の相違に対する理解が考慮されていないからである。

本当の国際化は、それぞれの国が固有に持つ文化を互いに尊重し、この文化の様式を深所で支えることば（言語）の体系に対する精細な理解に立って、初めてなされるはずである。

こうしたことを通じて初めて、真の国際化が実現されることになる。

互いに他の文明を尊重し、これらの各々がかけがえのない大切なものであることを理解し、ことば（言語）の体系を重要なものとして扱うところから、これらの文明の共存と共栄が計られるはずなのである。

ことばと文化との密接なつながりが、先に見た八つの異なる文明を生みだしたという文明史的視点に立ったうえで、国際化がすすめられれば、政治上あるいは経済上の紛争など起こるような事態が招来されたりすることはないと予想される。

そのうえで、これらの文明からなるこの地球自体が、相互の相違を掩《おお》い包む一つの大きな有機的な構造からなる文化圏を築かせる培地となるのだと考えられてくるのである。

わが国が持つ固有の文明は、日本という狭い国土に、その広がりが限定されていながら、この地球上で稀有なものであると、すでに触れたように、ハンチントンにより指摘されている。

ことば（言語）の体系もユニークだし、それと因果的に関わる文化の様式が、他の七大文明とも完全に異質なものであるから、それに拠って立つ文明の様式も当然異なる。宗教の面では神と仏が共存して、互いに違和感なしに、私たちの日常生活の中に根を下ろし、精神生活の支えとなっている。

また自然観もユニークで、私たちはどんなものであっても、自然に見つかるものなら何でも、生き物であるかどうかを問わず、それらに神性が宿るのを見出している。自然の営みの中に抱かれて、日本人は縄文時代の昔から生き、固有の文明を育んできた。

このような日本に固有の文明、またそれを築き上げてきた人々が伝統として持つ文化の様式は、他の七大文明を支える人々にはなかなか理解されないどころか、こうした理解を期待することは絶望的でさえある。

「思う」「思います」「……という感じ」「いやだ」といった感情表現に絡んだ意味あいまいな言い表わし方に対し、これら日本人の感情や情緒に合致するように、例えば英語の語彙に移し換えることは、まず不可能である。

そうであるからといって放っておいたのでは、真の国際化、諸外国の人たちとの同等な付き合いができるようには絶対にならない。

私たちにとって大事なことは、日本固有の文化の様式が支えながら形成してきた日本の文明を、非常な困難を伴うが、日本語ということば（言語）の体系により表現し、それらを外国の人たちに向かって、彼らのことばに移しながら、できるだけ正確に発信していかなければならないということである。

ことばの意味は多くが経験を通じて学ぶものであるから、完全な移し換えは不可能である。だが、できるかぎりの努力を傾けて、わが国の人々が共通に持つ文化の様式を背景に成り立っている文明を、可能なかぎり正確に、他の文明に生きる人々に伝えていくことが、真の国際化につながっていくのだという大切なことを、私たちは忘れてはならない。

そのためには、私たち日本人は母語である日本語を正しく使用できるよう、修練を積むことが不可欠である。

エピローグ

私たちが日常生活において使っている日本語、言い換えれば現代日本語は、明治時代に入ってから出来上がったものである。といっても、完成されたと言えるものではなく、今でも新しい表現の仕方が工夫され、作られている。それらが取捨選択された結果、しばらくすると当たり前のものとして、昔からあったかのように受け入れられ、使われていく。

ことば（言語）の体系は、時代とともに変わっていき、完成したと断言できるものには、永久になりえない。この体系は、いうなれば進化をしつづけるという構造的な性格を、本質として持っているからである。

明治時代に入り、わが国が外国と外交面で交渉を持つようになり、文化その他あらゆる面で、外国に開かれた国として存立する方針に転換するとともに、日本語の体系も外国語の影響を受けながら、少しずつ変貌してきた。

日本語による表現の仕方も論理的に厳密なものへと移行するように迫られ、古来よしとされたぼかしてあいまいに用いられる表現形式が失われることを通じて、硬いもの、つまり論理的な表現を指向するものへと、必然的に変化した。

このようになるのは、ある面では致し方なかったと言ってよい。以心伝心をよしとすることばの用法は、外交その他、外国人との交渉では全然役に立たないことが明らかだったからである。

このことも、ことば（言語）の体系の進化を意味しており、その結果、私たち日本人の思考様式を、強制的に変化させるように働いた。日本語の体系が国際化を迫られ、それに適合したものとなれるように徐々に移行しつつあるというのが、現在の状況である。

現在求められていることは、感情を込めた表現になりがちなことば遣いを、話しことば、書きことばの両者に対し、やめるように努めることで、これにより先に触れた以心伝心をよしとするあいまいなことば遣いから脱却できるようにすることである。


本書で繰り返し述べてきたように、多様な解釈を可能とする「思う」「思います」「……という感じ」「いやだ」など、感情や情緒に絡んだ表現を、ことば遣いの中でやめるよう努めることである。私たちはあまりに安易に、こうした表現を使いすぎる。

人間の言語能力はすばらしいもので、他人のことば遣いを、話しことばであれ、書きことばであれ、表現に直接使われる語彙に含まれていないところまで、推し量りながら聞いたり、読んだりすることができる。時には誤解するという危険性も、その中には含まれているが、たいていの場合は誤らない。

こんなにすばらしい能力を、人間は自分の脳内に育んで、持っているのである。というより、ことばに対する経験の蓄積が、このような能力として、表面に現われてくるのかもしれない。

しかしながら、こうした蓄積が役立たない場合が、自分と母語を共有しない人々との対話において生じる。ことば（言語）の体系に連なる固有の表現形式が異なっている異文化圏に属する人々との対話では、言語の相違が、とんでもない誤解を招くことにつながる。

国際化が標榜されている現代では、こうしたことば遣いが、外交交渉ほかにおける障害となる危険性が常にあることを、私たちは心していかなければならない。

日本語以外のことば（言語）の体系を母語とする人々との交渉においては、彼らの持つ文化の様式、簡単に言えば、異文化について正しく理解していなければ、ことば遣いのみで自分の考えや主張、その他あらゆることがらについて、正しく伝えることは不可能である。

したがって、国際会議などで、異文化を背景に持つ人々との会話でも、この異文化について努力しながら学ぶように努めることが大事なのである。

そのためには、ハンチントンが主張したように、日本も固有の文明を持つのだということを了解したうえで、この文明を支える基盤が、ことばに密接に関わっているという大切な事実についても学ぶことが必要となる。どのようなコミュニケーションにあっても、ことば（言語）が究極の手段なのである。このことを忘れてはならない。

二〇〇八年半ば過ぎに世界に広がった金融危機は、アメリカが国是《こくぜ》として推し進めてきた国際的（グローバルな）金融資本主義と、その効率的な運用のためには、どのような行為も許容されるとするいわゆる〝新自由主義〟が必然的に生みだした結果である。

このような他国の富まで収奪してはばからない人々が、世界的恐慌を引き起こす原因となったのだが、日本の伝統的な文化には、そのような要素は馴染まなかったはずである。最近は事情が変わり、堀江貴文《ほりえたかふみ》、村上世彰《むらかみよしあき》のような人が出てきているが……。

ところがわが国では、「構造改革なくして成長なし」という標語が、今から一〇年ほど前から叫ばれだし、それがまるで金科玉条か何かのように、絶対に正しいのだという風潮を生みだした。日本の伝統的な人の雇用に見られる制度まで破壊し、〝派遣労働者〟という新しい階層が生みだされた。

今これらの人々が、働く場を失うという、とんでもない事態がわが国で起こっている。このような事態の招来が、真の国際化なのだろうか。これに対し、そんなことはない、おかしいと多くの人々はすでに気づいているにちがいない。

日本人が伝統的に持つ、歴史的に醸成されてきた固有の文化を破壊するように働く、アメリカ発の国際的金融資本主義と、そのバックボーンとなっている新自由主義のわが国への侵入を押しとどめなければならない。今からでは時間がかかるかもしれないが、この固有の文化を回復することは可能である。日本語の体系が廃《すた》れてしまったわけではないからである。

私たちの持つ固有の文化は、周囲に広がる自然の中に見つかるあらゆるもの、生き物とそれに無生物と呼ばれる自然物のすべてが神性を持つことを認め、それらを大切に扱うという伝統に立つ。これが日本人の持つ文化の様式を担う。

神はあらゆるところに存在し、それを認めるために、私たちは自然の中に暖かく抱かれた存在として、温和な思想の形態を育んできたのである。小さな虫たちにさえ、名前はわからなくても、彼らにも魂が宿っていると考え、無用に殺したりはしない。自然は破壊すべきものでもなく、また征服すべきものでもなく、共存すべき存在なのである。

私たちがしばしば用いる〝お天道様〟に対する感謝の気持ちは、こうした神性を周囲の森羅万象にも感じているから生まれてくる。そこには太陽が最も大切な存在であることを、私たちの祖先が神話の時代から理解し崇《あが》めてきたという伝統が息づいている。自然との共生・共存が、日本の伝統となっているのは、こんな古い時代からなのである。

今述べたような自然観を育みながら、縄文の太古の時代から、日本人は日本語という穏やかなことば（言語）の体系を維持し、それを歴史の中で伝統にまで育て上げてきた。

漢の時代以後、大陸からなだれこんできた漢字文を読み下すに当たって、片仮名文字をまず発明し、そのうえで漢文を日本語として読むことに成功した。漢字文化に親しんだことであろうが、それに同化されることはなかった。さらに時代が下ると、平仮名文字を創造し、日本語による表現の仕方を発明した。

二つの仮名文字を発明しながら、他方で漢字文化を棄てることなく、漢字自体を日本語文の中に取り入れて文章表記する工夫、つまり訓読みの方法を編み出し、現在私たちが伝統として培ってきた漢字と二つの仮名文字の混じった文章の構成法（漢字仮名混じり文）を作り上げた。

こうして育ててきたことば遣いが、私たちの日常から徐々に消えていきそうに見えるのが、現在の姿である。若い人たちのことば遣いが荒っぽく、ぶっきらぼうになったとしばしば指摘されるのは、現代の精神的状況を反映しているのかもしれない。

ことば（言語）の体系は進化していくのだが、その進化の担い手である私たちの心が荒《すさ》んでいっているのだとしたら、日本固有の文化を破壊する方向へと歩んでいくことになってしまう可能性がある。

ダーウィンの思想を援用するならば、進化（evolution）には合目的性があるわけではなく、よい方向にも、悪い方向にも同じように、この進化の過程はすすむ。分子レベルから研究されていっている現代遺伝学もこのことを立証しつつある。

私たちは、母語である日本語の体系が持つ穏やかさをあらためて見つめ直し、この世界にも稀な言語の体系をさらに強くよいものにしていくように、努力していかなければならない。

その際、私たちの思考に、感情に絡んだ要素を持ちこむようなことば遣いを避けるようにし、論理的にかつ客観的に物事について表現できるよう、日本語の体系を育てていくことが重要である。

私たち日本人は、性格が大変に温厚であると言われるが、このことは日本語の穏やかな性格を反映している。以心伝心をよしとするあいまいなことば遣いとならないように、日本語を駆使できるようにすることを通じて、ディベートのような厳しい対論にも耐えられるようになるし、外国人との議論で決して引けをとらないようにもなれるのである。

まず第一になすべきことは、「思う」「思います」「……という感じ」「いやだ」といった感情に絡んだ表現を、一人ひとりがしないようにすることである。

このような言い方が口から出そうになった時、一、二秒は少なくともじっとこらえて、別の言い方を見つけるよう努力してみてほしい。ことば遣いにおける論理性、客観性は、私たち一人ひとりの努力を通じて、生みだされるのだということを心に銘記しよう。

あとがき

この本の著者は、言語に関わった分野についての専門家ではない。物理学と呼ばれる広大な領域の中で、太陽ほかの天体が織りなす高エネルギー現象の研究に主として従事してきた一宇宙物理学徒である。

英語文による研究論文や著書を作る際に出会ったことば（言語）の体系が持つある種の特異性というか、日本語の体系との相違については、いろいろの機会に考えさせられてきた。その中で、特に強く感じたのは、私たち日本人があまりに頻繁に「思う」「思います」ほかのあいまいとしか言いようのないことば遣いをしがちであるということであった。

このことば遣いをめぐって起こる問題について、著者となった私がどんなふうにみているか、そして、そのうえで、英語による表現との比較を通じて、私たちのことば遣いをどのようにしたらよいかについて、私の見方を通じて語ってみたのが、本書である。

一人の物理学者が半世紀ほどにわたる期間に経験してきたことがらについて、私なりの見方を述べた。当然のことだが、私という一個人の見解を通じて作り上げられたものであるから、ある種の偏りが当然含まれていることであろう。

話しことばにしても、書きことばにしても、使うことを通じて表現上の工夫が洗練されたものとなるだけでなく、内容に論理性と客観性を持たせられるようになっていく。ことば（言語）の使用には、訓練（exercise）が大切なのである。こうしたことがらについて、本書で示された内容が有用な役割を果たしてくれることを願っている。

本書の執筆にあたっては編集部の高田秀樹氏に種々助言を頂いた。同氏に感謝しつつ筆を擱《お》く。

★読者のみなさまにお願い

この本をお読みになって、どんな感想をお持ちでしょうか。祥伝社のホームページから書評をお送りいただけたら、ありがたく存じます。今後の企画の参考にさせていただきます。また、次ページの原稿用紙を切り取り、左記まで郵送していただいても結構です。

お寄せいただいた書評は、ご了解のうえ新聞・雑誌などを通じて紹介させていただくこともあります。採用の場合は、特製図書カードを差しあげます。

なお、ご記入いただいたお名前、ご住所、ご連絡先等は、書評紹介の事前了解、謝礼のお届け以外の目的で利用することはありません。また、それらの情報を6カ月を超えて保管することもありません。

〒101—8701（お手紙は郵便番号だけで届きます）
祥伝社新書編集部
電話03（3265）2310

祥伝社ホームページ　http://www.shodensha.co.jp/bookreview/

キリトリ線

★本書の購入動機（新聞名か雑誌名、あるいは○をつけてください）

＿＿＿＿新聞の広告を見て	＿＿＿＿誌の広告を見て	＿＿＿＿新聞の書評を見て	＿＿＿＿誌の書評を見て	書店で見かけて	知人のすすめで

★100字書評……日本語は本当に「非論理的」か

名前

住所

年齢

職業

桜井邦朋　さくらい・くにとも

昭和８年生まれ。神奈川大学名誉教授。理学博士。京都大学理学部卒。京大助教授を経て、昭和43年、NASAに招かれ主任研究員となる。昭和50年、メリーランド大教授。帰国後、神奈川大学工学部教授、工学部長、学長を歴任。ユトレヒト大学、インド・ターター基礎科学研究所、中国科学院などの客員教授も務める。現在、早稲田大学理工学総合研究センター客員顧問研究員として、研究と教育にあたっている。著書多数。

日本語《にほんご》は本当《ほんとう》に「非論理的《ひろんりてき》」か

物理学者《ぶつりがくしゃ》による日本語論《にほんごろん》

桜井邦朋《さくらいくにとも》

2009年10月５日　初版第１刷発行

発行者……………竹内和芳

発行所……………祥伝社しょうでんしゃ

〒101-8701　東京都千代田区神田神保町3-6-5

電話　03(3265)2081(販売部)

電話　03(3265)2310(編集部)

電話　03(3265)3622(業務部)

ホームページ　http://www.shodensha.co.jp/

装丁者……………盛川和洋

印刷所……………堀内印刷

製本所……………ナショナル製本

Printed in Japan ISBN978-4-396-11179-3 C0281